唐付民 著

改變中國

須證僞馬列共產、社會主義

Change China: Must False Marxist-Leninist Communism and Socialism

Tang Fumin

爲資本家和資產階級伸張正義與恢復名譽

資本與資產階級，是人類社會文明進步最先進的生產力之一，必須維護！從原始社會、奴隸社會、集權（極權）社會，到民主（法治）社會，是人類社會文明進步的基本路徑！馬列共產社會（所謂「社會主義」）只會建造成爲罪惡的「極權階級社會或新型（國家）奴隸制社會」，即依靠「政治領袖」統治社會利益的「王權階級」社會或「虛假平等」社會，必須徹底廢除！

Justice and rehabilitation for the capitalists and the bourgeoisie:

Capital and the bourgeoisie, is one of the most advanced productive forces of human social civilization and progress, must be maintained! Primitive society, slave society, centralized (totalitarian) society, democratic (legal) society are the basic path of human social civilization and progress! The Marxist-Leninist communist society (the so-called "socialism") will only be built into an evil "totalitarian hierarchy society or the new (state) slavery society", that is, the "royal hierarchy" society or "false equality "society relying on "political leaders" to rule social interests, and must be completely abolished!

目錄

前言

改變中國，成爲影響整個人類社會價值的重要因素。但要眞正實現對中國社會的實質改變，需要對人類社會文明秩序實現重新認識。儘管已經有了各種思想和理論在指導和影響現實世界，但各種紛爭和混亂此起彼落。各種利益訴求爭執不休、各種價值觀念憂慮重重，都在催促著人類文明認知價值的「重生」！儘管本人有願望爲促進人類文明社會秩序的進步做出貢獻，但畢竟勢單力薄。雖然餘生的數十年間都在努力探索，但也難以滿足現實需求。近年來，有幸生活在享有充滿自由的美國，能夠有機會將自己的一些初淺認識公開表達出來。雖然未能獲得相關權威機構或專家的認證，但我還是覺得有必要將它們整理出來，希望有助於影響人們對現實世界（尤其是中國社會）的認知和改進！

二戰時期的德國和日本，用軍事行爲將「納粹主義和殖民主義」推向了巔峰。二戰之後，以前蘇聯和中國兩個大國爲象徵的許多歐亞國家，用政治、經濟利益及意識形態的全面壟斷將「馬克思主義或共產（社會）主義」推向了巔峰。隨著「共產蘇聯」倒臺，眾多歐洲的「共產國家」紛紛蛻變。

儘管蘇共出現倒臺，但「大國情結與極權根基」並未得到徹底清除。在普丁巧妙玩弄「強權政治」之下，俄羅斯始終沒有邁入先進的「民主自由與司法公正」文明社會。俄烏戰爭不僅震痛了世界人民也應該喚醒俄羅斯民族，「大國情結依賴的極權政治」不僅無法帶來社會公平還會造成無法估量的人道災難！

保有同樣「大國情結與極權根基」的中國，依靠「中共專制與美國綏靖」持續阻止了中國邁入「民主自由與司法公正（獨立）」

的先進文明社會。徹底「否定共產價值和消除美國綏靖」，才能讓中國眞正步入具有先進特性的「民主自由和司法公正」文明社會！

改變中國，需要終結：馬列主義、毛澤東思想、鄧小平理論、習近平治國理政等「中共執政價值」對中國政局的決定和影響！本專著的重要作用是：系統論述中共執政的「虛假性、危害性和非法性」，爲順利推進中華文化和整個世界的文明進步奠定堅實基礎！

「共產專制」成功的原因，是充分運用（或利用）了「利益與傷害」及「物質與精神」，全面控制社會民眾來實現政權保障。它阻斷了「民主自由和司法公正（獨立）及物質私有」，才能保持「共產專制政權」的穩固。它是實質上的「共產奴隸制度」，民眾的各種利益與傷害、物質與精神都被「共產黨集團及其領導人」全面操控著。這種全方位的利益與傷害、物質與精神的控制，如何不能實現共產獨裁者：習近平的三連任、毛澤東的終身制、金家王朝的世襲制？！

徹底廢除「馬列主義共產價值」只是重新認識世界的一部分，以美國爲主的西方國家社會文明價值也需要在理論基礎上有所提升（突破）。由於「共產價值」只能形成在「強權政治和抑制生產力」的條件之上，因此必定會嚴重阻礙人類社會步入能夠充分體現先進特性的「民主自由和司法公正」文明社會。儘管以美國爲首的西方國家建立起了先進的「民主自由和司法獨立」社會制度基礎，但因在理論體系上存在重大缺陷，至今依然存在一些不盡人意的問題。全面提升西方國家的文明程度，必須預先建立起系統完善的「現代社會學基礎理論體系」。唯此，更有利於全面推進各種非民主自由與法治公正國家政治制度的順利轉型！

專制政體總是會依靠「成王敗寇」價值去維繫自己的存在優勢，而民主政體則需要依賴「平衡價值」去維持自己的存在優勢。中國的專制政治是建立在有缺陷的「平衡文化」（多因文化或陰陽文化）

基礎之上，其中的不合理性是需要去釐清和糾正的！然而，美國的民主（分權制衡）政治則是建設在「精準文化」（單因文化）基礎之上，也是存在需要去調整和補充的成分！人類文明的政治價值，已經經歷了從極權專制到分權民主的「兩極化發展（分歧或對峙）」的充分實踐。兩種價值不僅無法實現和諧共存，更是難以實現自我變革。依靠「多因文化」，乃是推進人類文明順利更新及和諧共處的唯一途徑。因爲，它能堅實的推出「互惠文化」，利於推進平等、公正與和諧社會秩序的充分保障！

自由、民主、法治制度是人類社會文明進步的核心價值，如何認定其內涵尤爲重要！「思想、言論、行爲、信仰」是「自由」的基礎內容，「傳播眞理與正義、保障正常生產生活及爭取（申訴或維護）合理權益」應該是「自由」的延伸和限制。任何個人、群體組織、政府部門或政治領袖（社會精英），違背了「延伸自由的原則」，都應當被限制「自由」！譬如「馬列主義、毛澤東思想」等著作（或文化內涵），包含著維護「暴力和專制政治及破壞先進社會生產力等」危害社會文明進步的內容，違反了「傳播眞理與正義」的原則，就應該被「限制出版發行」（宣傳傳播）的思想和言論自由！

民主絕不只是「投票權」可以涵蓋，「評議、監督和罷免」須同步參與！法治制度，是所有社會成員都應該被管治，共產黨人及其領袖不可以（無理由）除外！分權制衡，是民主法治社會的核心價值，更是「公正與透明」社會政治的重要保障！

改變中國，需要全社會人士的共同關注和參與。徹底廢除「馬列共產、社會主義制度」是順利推進中國社會實現民主自由及公平正義的文明政治制度的必要條件！不僅中國人、臺灣人還是西方人和拉非人，都會受到它的影響。參與的社會力量強弱，必定會影響它的進程。讓全世界人民都能夠眞切地認清「馬列共產、社會主義」

的虛假和危害，是推動世界（尤其是中國）民主自由與法治政治制度的重要因素。在這場歷史性的重大變革中，您選擇支持「共產專制」（流氓文化），還是選擇支持「民主自由」（文明文化）？如果您選擇（需要和維護）後者，努力讓本著作推薦的「文化價值」儘快得到傳播，無疑是最值得自己積極參與的正當（正義）行爲！

從原始社會、奴隸社會、集權（極權）社會到民主（法治）社會是人類社會文明進步的基本脈絡。而決定人類社會性質的基本因素包括：生產力水準、社會利益關係、社會價值理論、政治經濟制度。原始社會與奴隸社會是基於生產力水準較低的社會狀態(層級)，而集權（極權）政治和民主（法治）政治則依賴於生產力水準較高的社會狀態。

生產力的高度發展不僅依賴民主政治去替代集（極）權政治，且會依靠釋放「社會自由和司法公正」去增進保障，因爲民主政治有利於促進社會公平公正。馬克思主義推出的「共產主義」基於認知標準（黑格爾辯證法）的狹隘與偏執（模糊和抽象），是極不成熟的社會學說。它主張的所謂「共產經濟」（公有制）不僅依賴極權（暴力）政治去推動，還會導致社會出現嚴重不公（甚至嚴重殘害），且會嚴重阻礙社會生產力的正常發展。是徹頭徹尾的「僞科學社會學理論（學說）」，必須徹底廢除！

馬克思主義或共產主義在人類的許多國家進行的實踐已經超過了一百年，不僅未能產生出平等祥和的社會秩序，還造成了各種嚴重的人道災難和經濟貧困。重新建造科學的人類社會學理論體系，是推進人類社會文明進步的必要（重要）前提！

民主自由與法治（公正）社會已經成爲人類文明的崇高標誌，但現實世界中總是存在一些假借「民主、自由、法治」之名行極權專制之實。能夠充分體現這種「僞民主、僞法治、假自由」行爲的社會制度和理論主張的無疑是「馬克思列寧主義（及毛澤東思想、鄧小平理論等）」！馬克思列寧主義從產生以來，一直存在否定與肯定的爭議。根源在於「否定者」始終未能建立起能夠明確證明其虛假僞善的理論體系，或者說沒有創建出能夠徹底否定和替代它的「社會科學標準理論體系」。

共產主義（公有制經濟）是馬克思列寧主義的核心價值觀，自它產生以來就始終在催生出不同人群對它表示「擁護、嚮往和質疑、反抗」。但這些擁護、嚮往和質疑、反抗的人群都很少將它與「反民主自由和法治公正」進行實質性聯繫，這是因爲人類文化理論界缺乏「多因邏輯思維」的規範和引導！唯有創建了人類「社會科學標準理論體系」，才能讓擁護、嚮往和質疑、反抗「馬列共產主義」的各類人群的認知觀念趨向合理歸一。或者說，「馬列共產社會主義」是近一百多年來攪亂人類社會文明秩序的重要禍根，人類社會只有徹底終結了它的社會價值才能創建出利於社會和諧的價值認同！

我個人早已有意願編著人類《社會科學標準理論體系》（或《多因社會學》），它需要能夠充分論證「馬克思主義是僞科學」！希望能夠獲得相關社會力量或人士的支持與幫助。有朋友建議我向美國民主基金會聯繫，但也有朋友說美國民主基金會不支持這種專案。如果始終得不到相關社會力量的支援和幫助，我不明白現實社會是需要「邏輯思維啓蒙」還是需要「民主政治啓蒙」？因爲維護民主制度的最佳途徑是在全世界推廣民主政治，而今嚴重阻礙促進和維護民主政治的主要社會力量無疑是「共產專制」！如果不能明確和充分證明「馬列共產社會主義」是危害人類社會、阻礙人類文明進步（民主政治）的主要禍根，不僅無法維持已有的民主制度，還會不斷失去民主自由和公正法治的政治環境，譬如時下的香港！毫無疑問，人類有眾多人在盼望推翻各種極權專制，也有許多人痛恨共產專制，但是，有多少人明白只有創建了能夠全面證僞和替代馬列主義的「科學社會學基石」，人類才能逐步全面消除各種極權政治（包括「共產專制」）！

在此附上曾經寄給「美國民主基金會」的信（主要內容）：

尊敬的「美國民主基金會」各位組織領導者和同事們，你們好！

感謝你們爲促進世界和平與推進人類民主政治做出的重要貢

獻！

當今世界，阻礙人類民主政治的主要力量無疑是「馬列共產社會主義」！中國、朝鮮、古巴等堅持實行馬列共產主義的國家無一不是「專制極權」社會，都是在阻止推進民主政治社會的力量。我認爲，首先必須要在基礎理論上（論證）徹底推翻虛假的「馬列共產社會主義理論」體系，才能從現實實踐中逐步消除「共產極權」對民主政治的阻礙和危害！

我是從事人類基礎理論研究的獨立學者，如今有幸來到能夠充分保障民主和自由的美國。2006 年曾經出版個人理論專著《東方科學》，因其中提出的邏輯學原理「多因邏輯學」否定了馬列主義理論的「邏輯基礎」：黑格爾辯證法（即對立統一法則），而被中共政府嚴格限制出版發行（宣傳傳播）！

近期我已經在著手編著推進整個人類社會文明的《多因社會學》專著。我認爲，只有從「社會學」角度全方位的提出一套完善的涉及人類社會文明秩序的「社會學標準科學理論體系」，才能從根本上徹底否定「馬列主義或共產極權」的存在和消除其危害！如果無法建立一套完整的「現代社會學標準科學理論體系」，即使「引進民主」也難以充分維護它的合理價值，譬如俄羅斯、伊朗、委內瑞拉等。

《多因社會學》立足於採用「結構化標準」分析和構建人類社會秩序運行評價機制，將「政治、經濟、文化、技術」四項特性認定爲人類文明社會秩序建構的基本要素。而馬列主義卻是用「單一要素」去認定人類社會性質，譬如它提出的「奴隸社會、封建社會、資本主義、社會主義、共產主義」等所謂人類社會「遞進制度」。事實上，奴隸社會和封建社會屬於「政治性質」，資本主義和共產主義又屬於「經濟性質」。社會主義則具有「綜合或模糊性質」。另外，「資本」應該屬於「生產力性質」，而「共產」應該屬於「生產關係性質」。非常明顯，馬列主義利用「單因化定性」人類社會文明的進步標準是建立在邏輯價值嚴重混亂意義之上的，是脫離嚴格清晰邏輯概念標準的！這種邏輯概念關係極其混亂的社會學說在人類社會的實踐中推行，產生出各種嚴重危害結果無疑存在必然性！

《多因社會學》採用「結構和條理化」標準或原理解析人類社會性質，能夠非常清晰的揭示出不同階段的人類文明標準。譬如僅用「生產力」去理解人類文明進步，可以劃分爲「石器文明、農耕文明、工業文明、貨幣文明、資本文明、消費文明」。農耕文明是人類脫離原始「動物價值」的重要基礎（起點），而貨幣文明是促進工業文明的重要因素。工業文明和資本文明是推進規模化生產的重要力量，而消費文明不僅可以平衡「產能過剩」，還能夠平衡「貧富衝突」。爲此，各種「福利國家」的不斷興起，足以證明它是人類文明的崇高標準！

《多因社會學》也會用「政治性質」區分人類文明的進步標準，劃分出「家長（種族或家族）制、奴隸制、封建極權制、民主法治制」。家長制（母系或父系社會）主要建於原始的石器文明，奴隸制則建於初始的農耕文明。封建極權制利於推進貨幣文明，因爲貨幣需要依靠「信念」，而「封建極權」則益於樹立「社會信念」。然而，封建極權會「限制社會自由」不利於社會生產力的創新和創造，唯有推行「民主法治」才會促進社會生產的生活繁榮（創造與創新）。然而，民主政治不能「獨立成立」，需要「法治政治」的充分配合。因爲「民主」容易出現「各自爲政（無政府主義）或虛假形式（假民主政治）」導致社會紛爭或混亂，因此需要依靠「法治政治」爲核心（中心）的平衡作用才能充分化解社會矛盾糾紛和利益差異。自然，法治必須儘量體現「公正透明」，沒有透明難有公正！爲此，民主政治必須建立在「言論自由（資訊透明）和權力制衡（三權分立）」基礎之上。當然，這言論自由和權力制衡是需要進行細緻和系統定義（定制）的，否則會被歪曲或誤解！

另外，《多因社會學》還會將人類文明的經濟制度區分爲「公有制、私有制、混合制」。公有制的優點是利於「社會平等」（馬列共產聲稱「絕對平等」），缺點是抑制創造和助長懶惰，不僅會導致社會貧困還會依賴「極權政治（壓制民主自由和排斥法治公正）」。而私有制的優點是有利於促進社會價值的創造與創新，增進社會富裕和促進（依賴）民主法治，缺點是容易產生貧富差距與社會矛盾。據此，「混合制」更利於人類提升社會文明！但現實實踐中，「混合制」又分離出與「極權政治和民主政治」不同的配合方式。前者便是現行的所謂「中國模式」，它不僅限制「民主自由和法治公正」還催生出嚴重的「權貴階級和社會腐敗」。而後者便是歐美等地區一些值得民眾嚮往的所謂「福利國家」，它們不僅能夠釋放和維護民主自由和法治，也能夠充分體現社會富裕與和諧！十分明顯，後者吻合了能夠充分體現先進生產力方式的「資本文明和消費文明」。爲此，後者應該被維護和推廣，而前者（所謂「中國模式」）必須徹底廢除！

《多因社會學》在主張「結構化」的同時也主張「平衡化」科學標準，包括「對稱平衡與綜合平衡」。拒絕推崇甚至排除「絕對平等」，包括經濟制度和政治制度的「絕對平等」。因爲它們通常容易導致走向「極端主義」，出現不利於社會實現科學發展或者不利於人文關係的和諧穩定。馬克思主義就是推崇（聲稱）典型的「經濟絕對平等」（共產主義），因爲它所謂的「歷史唯物主義」是建基於邏輯概念極度混亂上的，而所謂「共產社會」又完全缺乏人類社會事物基本特性的綜合（立體結構性）科學論證。在實踐中，不僅會以壓制民主自由和拒絕法治建設的「高度極權」方式出現，還泛生成爲各種罪惡特徵的「野蠻政治、綁匪政治、流氓政治、納粹政治」！在經濟上，它要麼「製造貧困」，要麼「製造權貴階級及推廣各種社會腐敗」。它與所謂「共產主義」（共產平等）的核心價值標準不僅無法貼近甚至完全背離！是徹頭徹尾的「虛假（欺詐）性社會制度」，必須徹底廢除！但是，依靠現行邏輯文化或是非評價標準，根本無法實現將它徹底消除！只有創建出一套具有綜合價值觀念的「社會學理論體系」，才能將「馬列共產社會主義」徹底清除出人類文明！也就是說，既要解析出性質清晰的「框架系統」來解釋人類文明發展的「歷史脈絡」，也要創建出「能破能立」的「現代社會學」對比性系統理論。或者說，既能充分揭示論證馬列共產主義的虛假和危害，也能全面推出全新的「科學合理的社會學標準制度理論體系」！

建立在人類社會經濟意義上的「相對平等」需要維護「多勞多得」的基本價值觀，絕不應該建立在「共產平等」的基本價值觀上！而人類社會政治意義上的「相對平等」則應該建立在注重「獎義罰罪」的司法制度上，不應該建立在注重「少數服從多數」爲重心的政治意義上。因爲「少數服從多數」本身不是一種創建「和諧平等」而只是在爭取所謂「差異合理」。它在現實實踐中會造成諸多衝突，更容易被「專制主義」（尤其是「共產專制」）政治力量利用來攪亂社會價值和秩序！人類社會的最高文明只能是盡力協調（平衡）社會「差異和衝突」，絕不應該是去創建（追求）「絕對平等」的社會制度，因爲它通常只能成爲被政治家（或政治集團）利用來爲自己謀求利益的「實用工具」！

終結「中國極權」，須從徹底推翻「馬克思主義理論和毛澤東思想」入手。因爲現實實踐中的「中共極權」源於充分利用了馬克思主義的三個基本概念：資本主義、社會主義、共產主義。這三個社會學概念都不能明確反映「政治性質」，現實中的「中共極權」利用虛假的「共產主義」經濟性概念（聲稱「共產平等」）實現了：

共產黨壟斷統治人民利益，包括「有利和有害利益、直接和間接利益」，從而強迫民眾成爲「順民」！由於它們主張的所謂「共產主義社會」永遠無法實現，中共便利用具有「籠統模糊」性質的所謂「過渡時期的社會主義」任意長期愚弄中國和世界人民。同時，中共還利用抵制和打擊所謂「資本主義制度」去排除：民主自由和司法公正的政治制度。因爲「資本主義」也不明確包含政治性質卻利於彰顯「民主、自由、法治」，即中共利用假借打擊（經濟性質的）「資本主義」實現實際上打擊和排除：政治民主、社會自由與公正法治！也就是說，所謂「中國極權模式」就是利用馬克思主義理論體系中提出的一套存在邏輯關係極度混亂或模糊特性的社會學概念。通過玩弄「概念遊戲」實現愚弄、操控中國與世界人民的觀念和利益，造成長期禍害中國人民和攪亂世界文明秩序（規則）！

徹底推翻「馬列共產專制」首先須從理論基礎和理論體系上去實現，我認爲，唯有通過創建了《多因社會學》才能最終完成！我之前著述的《東方科學》實現了對馬列共產社會主義「理論基礎」的否定，而《多因社會學》的創建將可以實現對馬列共產社會主義「理論體系」的否定！由於《多因社會學》是一門關係整個人類社會文明進步秩序的重要科學，涉及諸多社會學知識的搜集和整理，僅憑我個人的努力難以盡獻社會。爲此，希望能夠獲得貴基金組織機構的大力支持和幫助！包括提供改善學習研究條件、全面聯繫相關專業人士（專家）的合作交流、組織相關人力物力協助編輯專著的出版和推廣發行。爲早日全面推進全人類「民主政治」文明的進步做出重要貢獻！

由於西方文化（科技）根基是建築於「單因邏輯」（演繹法和歸納法）之上，通常只能採用「靜態觀念」理解社會事物。而馬列主義理論則是建築在所謂「動態邏輯」（黑格爾辯證法）邏輯原理上的，前者自然無力超越後者或證明其錯誤。由於黑格爾的「哲學邏輯」是抽象模糊和錯誤的，而馬列主義更是將它的錯誤特性進行了極度放大。上述內容證明，馬列主義使用了混淆是非的「動態邏輯」概念關係去證明自己理論的合理性。中共極權政府（政黨）也是一直在利用「隨意變化」邏輯（如毛澤東思想、鄧小平理論、三個代表等）概念關係在愚弄世人和攪亂世界文明秩序。據此，唯有創建和推廣《多因邏輯學》和《多因社會學》才能徹底證明馬列主義的虛假和終結它們的危害！

綜上所述，人類文明需要區分爲：生產力文明範疇、精神文化文明範疇、政治制度文明範疇、經濟制度文明範疇。運用簡單單一的、抽象模糊的、混雜交錯或隨意變換（任意定義）的概念去認定（宣導）人類文明標準，都是在試圖（或故意）誤導世人觀念和攪亂世界文明秩序！重新認識和定義人類文明標準和秩序，只能從創建《多因社會學》開始！它需要相關社會力量的參與，尤其是政府綜合力量的參與！誰會是積極參與者？我個人在期待，相信無數盼望公正合理(富裕和諧)的人們一定也在期待！誰又是竭力阻擾者？世界人民應該可以關注（明白）！

一、千年法典（認知定律）

在現有「邏輯學」教材中，有四條定律是十分重要的，分別是「同一律、排中律、不矛盾律、充足理由律」。它們的主要作用是規避人們認知思維活動（結論）的錯誤。然而，這四條定律卻無法規避「辯證思維與系統思維」的認知錯誤，以至於所謂馬列「共產主義」能夠橫行世界，攪亂和殘害人類！

中華民族是遭受共產欺詐與殘害最嚴重的國家，在毛澤東統治時期不間斷的群眾「鬥爭運動」與所謂「大躍進、文革」等，不僅嚴重的摧殘了數億人的身心，還導致數千萬人喪生！這些罪惡行徑至今未受到追究，它與中共（黨章）推崇的馬列毛鄧等主義的社會理論一直利用著所謂「辯證邏輯」存在重要關係。原因在於他們依靠的黑格爾「辯證法」存在著嚴重錯誤和缺陷，因爲黑格爾的「對立統一」辯證法是違背事實的！實際上對立雙方只能「統一」（和諧並立）在「對稱」條件下，將「對立」雙方理解爲「本身統一」（和諧）是不成立的。因爲它既無法用現實的具體事物去驗證，也不能指導人們正確的解決「各種矛盾（糾紛）」事務！通常，解決人們（人類）矛盾的合理方法只有使其「對稱平衡」，如果用「對立」去統一矛盾只能是「一方吃掉另一方或者同歸於盡」！

其次，黑格爾「辯證法」缺乏規避其錯誤的「邏輯規律」，以至於它在現實的科學認知活動中無從體現，而它卻被馬列毛鄧習等共黨統治集團利用於「社會實踐」中爲所欲爲，愚弄和殘害中國及世界人民！關於他們是如何利用「對立統一規律」的嚴重欺詐性來攪亂和殘害人類的，我的其他文章已作了詳細解析。本文著重具體講述對「辯證思維與系統思維」活動進行有效規範的四項「邏輯規律」（基本定律），它們分別是「事件（屬性）相關律、矛盾對稱律、範圍（略）確定律、完整事物律」。

一、事件（屬性）相關律（也爲「關係確定律」）

在「邏輯學」中，已經被人類社會廣泛接受與運用的「同一律」，是指一項正確的認知思維結論，不得同時確定兩個相互否認的事物性質。如「我今天下午去學習」，不能同時確定「我今天下午去旅行」。但這條定律卻影響了「對稱性」事物關係的認定，如「我今天下午去學習，明天下午去旅行」。再如「我以前做了損害他人利益的事，現在我做了維護他人利益的事」，「男人的優點是陽剛，女人的優點是陰柔」等等。也就是說，現實中我們常常會（需要）將一些相互關聯的事物特性結合到一起來認定和表述。而「同一律」既無法限制這些認定，也無法規避這些認知結論可能會出現的錯誤。

「事件（屬性）相關律」是基於「同一律」只是局限於規範事物孤立的「性質」認定，明確爲事物的「關係」認定需要由「事件（屬性）相關律」去規範。前面舉出的事例，符合「事件（屬性）相關律」。如果有如下表述（結論）則是違背「事件（屬性）相關律」的：「我今天下午去學習，我明年春天去旅行」，這種在時間和事件性質上都不存在「關聯性」的思維結論，爲不合情理邏輯關係。再如「老鄧（K）以前損壞過老張（M）的錶，老張（M）今天偷拿了老李（N）的書」，或「中國偷竊了美國技術，美國打壓了朝鮮經濟」、「中國是極權政府，美國是私有社會」等等。這些認知結果或表述方式都不利於正確反映事物的相關關係，只能產生攪亂人們認知標準的作用。以「中國是極權政府，美國是私有社會」爲例，前者是反映「政治性質」，而後者爲「經濟性質」，無法實現正確的相關性認定！正確的邏輯關係認定（分辨）只能明確在，相互都是「經濟」或者「政治」性質關係之上！

二、矛盾對稱律

如果我們出現「我今天下午去學習、我今天下午不去學習」的思維，無疑是自相矛盾的，是違背「不矛盾律」的。由於人類生活在隨時會發生「矛盾」的關係中，「不矛盾律」是無法幫助人們正確理解和處理矛盾關係（事物）的。黑格爾提出的所謂「對立統一」法則實質上只能引導人們趨向兩種方式：一方吃掉另一方或者同歸於盡。譬如，「老張吃了老王的餅」，前種方式是其中一方的力量強，「老張能夠長期吃老王的餅，或者老王把老張趕走並霸佔其財產」。後種方式是「老張殺掉老王，老王被法辦或自殺」（或者「互相殺戮」）。

「矛盾對稱律」的意義是指導人們在面對「矛盾」事務時，應該採取「對稱統一」的方式去理解和處理。以「老張吃了老王的餅」爲例，老王可以用「等價物品去抵償」老張的餅。或者老張通過「協力廠商」（如司法）向老王索回「等價代償」。很明顯，在現實生活中或者現實社會中，人們大多是在按照「對稱統一」的方式在理解和處理「矛盾」事務。但是，由於在人類的邏輯原理中沒有明確這項「規則」，反而被攪亂社會秩序的所謂「對立統一規律」所影響，以至於造成「馬列共產主義、納粹種族主義」等侵害人類文明的重大災害！

「矛盾對稱律」不僅涉及構建社會制度、國際關係、社團活動，也涉及合理處理人際關係，如地緣政治、民族差異、民間糾紛、婚姻關係等等。雖然在以「法治爲核心」（司法獨立）的國家，絕大多數「矛盾」都會按照「對稱統一」方式去理解和處理，但在非「司法獨立」（法治爲中心）的國家或社會，卻很少能夠獲得「公正處理」。爲此，「矛盾對稱律」的明確，不僅有利於普通民眾（公民）爭取「公平利益」，也有利於人類全面推進「公正合理、民主自由」

的高級文明社會制度建設！

三、範圍（略）確定律

如果說「關係相關律與矛盾對稱律」通常會結合起來規範人們的認知思維活動，那「完整事物律與範圍（略）確定律」也是常常需要結合在一起規範人們的認知思維活動的。我想，「完整事物律」是容易理解的，就是要儘量避免對被認知事物產生缺陷性反映。如果存在對被認知事物的缺陷反映，不僅不利於正確處理相關事務（造成失誤），還會被別人挑錯（否認）。

然而，由於人類生活在「動態變化」的自然與社會環境中，便爲實現「完整」認識事物製造了障礙。不過，人類的智慧與創造力卻極大的改進了我們的認知局限，借助「資訊記載」（文字等）和「資訊交流」（視聽等）人們可以實現「綜合認知」。但是，由於被認知的現實事物會處於「動態變化」中，因此，借助各種「相關資訊」（或經驗知識），人們通常只能得出「範圍判斷」。如「經濟規劃、天氣預報、體檢報告、故障預判、疾病預判」等等。譬如，電燈不亮可以預判在「電源、線路、開關、燈泡」故障範圍內。再如頭疼可以預判在「外擊、內疾、新傷、舊病」範圍內。又如凶案也會預判在「他傷、自傷、雙方共傷」範圍內。

毫無疑問，「範圍判斷」在人類社會的現實認知活動中存在廣泛的應用，但已有的「排中律」邏輯規律卻對它起到限制作用。因爲「排中律」不支持「模糊判斷」，而「範圍判斷」卻包含著一定「模糊性」（據此又可理解爲「略確定」）。爲此，只有明確「範圍（略）確定律」在邏輯科學中的重要性，才能有效支持人們實現各種正確有益的「範圍判斷」，縮小認知範圍自然會降低盲目性。運用「範圍（略）確定律」常常能夠有效的爲正確認識和處理變化性的複雜事物提供合理預計和減少盲目性，十分有利於爲成功瞭解和全面掌握運動（或複雜）性事物的各種因果（或隨機）變化關係。

四、完整事物律

「完整」的認識被反應事物的各項特性及關係，是有利於正確理解和處理現實事物的，也是不容易被別人誤解或挑剔的！在現有的邏輯學教材中雖然有項「充足理由律」，但它僅是對反應事物「單一屬性」的思維方式進行規範，無法對被認知事物的「整體屬性」的思維方式進行規範（產生要求）。從而造成人們在認知活動中常常出現「缺陷或誤差」，尤其在「辯證屬性」認知上的缺陷，不僅會導致長期無果的「相互爭執」，還會在人類的社會生活中產生各種嚴重傷害或沉痛悲劇。因此，明確規範人們在現實生活中儘量做到對被反映事物的「完整性認知」，是對整個人類社會文明的提升極其有利的！

「完整事物律」既包括「靜態」的事物也包括「動態」的事物。既包括「系統性事物」也包括「辯證性事物」，兩者會相互獨立也會相互合作（交織）。「系統性事物」在完整性上會包含系統與系統（子系統、母系統、總系統）之間的交織。而「辯證性事物」既包含矛盾、對立、差異、類別等特性，也包含對稱、統一、平衡、協同（和諧）、互動等關係。

「完整事物律」與「範圍（略）確定律」不僅在人們的社會生活中存在廣泛的應用，在自然科學探索認知活動中，尤其是在人工智慧領域也有著極其廣泛的應用價值！

在全世界陷入病毒嚴重侵害的當下，我寫下此文是因爲這裡陳述的幾項邏輯「基本定律」等同於「法律」！任何一位正義的法官，依靠它們都能判定「馬列共產主義」（共產黨組織）死刑！而此次新冠病毒的全球擴張，無疑與「馬列共產主義」存在直接關聯性！

辯證思維與系統思維都屬於「多因或關係邏輯」。也是需要「抽象與形象（立體）」（概念與直覺）相結合的邏輯思維。辯證思維與系統思維的有機結合也可說是「專家思維」。這裡的「思維規律」能夠將黑格爾、馬克思、恩格斯、列寧、毛澤東、鄧小平、習近平，以及中國學界的王滬甯、張維爲、宋魯鄭、胡錫進、司馬南（包括中國外交部發言人）等等，所謂的思想家、學者或政治官員的思想言論全都關進「籠子」！同時，也有利於對他們的相關行爲進行罪惡認定！明確本文「法典」，將是終結「馬列毛、鄧江胡習等共產主義」禍害人類的必由之路！

涉及「多因邏輯」的內容自然很多，它的基本價值是彌補「單因邏輯」的重大缺陷。「單因邏輯」的特性（作用）是針對特定事物的「單一屬性」實現精準認知。但容易造成孤立或片面的進行認知事物，因而催生了黑格爾的所謂「辯證法邏輯」。但黑格爾的「對立統一辯證法」是極其「抽象、神秘、模糊」的，難以體現在具體的現實實踐中。而它的所謂「否定之否定」法則被馬克思主義借用來「否定資本」主義。但是，建立在「辯證意義」上的事物是包含「相對合理」內容的，這在黑格爾的「凡現實皆合理」名言中已有體現。即「資本」是不可以被完全「否定」的，因爲它是人類文明進步的「最先進生產力」之一！離開它，人類必定退回到低效率的生產層級。實踐證明，依靠「無產階級革命」消滅資產階級（資本主義）後的結果是走向貧困！若將「資本」轉交所謂「先鋒隊」（共產黨政權），卻會造成養肥「共產權貴」，而廣大無產階級依然「無產」。甚至還會導致無權（無民主）、無自由、無思想、無保障、無公正！

眞正合理的辯證邏輯不是建立在「否定之否定」之上，而是應該建築在「對稱平衡」之上。它絕對不是從「對立面」去找眞理，而應該去構建「對稱平衡」。資本的「對稱平衡」需要建築在「系統架構」上，因爲它會涉及「來源與利益」的多向關係。來源可分爲「節餘與預期、精神與物質」。而利益會涉及「透明與隱性、公正與邪惡」。也就是說，科學的理解和掌握「資本」必須放置在「系統與辯證」關係中！

中國傳統的「陰陽五行、易經八卦」（包括中醫理論）都與「多因或關係」邏輯相關，但它們始終保持著抽象、模糊（哲學）的特色。只有讓它們實現通俗化和具體化，並且加上能夠有效規避其錯誤的「邏輯規律」，才能使它們最終走向世界、影響和造福人類！我堅信，無論是涉及認知和掌握複雜的社會事務還是自然事物（如癌症、病毒），都需要這種邏輯體系的推進。它是一項影響整個人類生活的重要思想理論體系，需要獲得社會正義力量的大力支持！

這裡提出的「認知定律」將會成爲統一人類認知標準的重要基石之一，因爲只有統一了人類的「認知（是非認定）標準」最終才能走向和諧統一！全球在醫療領域的專家學者不計其數，人類在最近數十年內投入了大量的人力物力試圖去攻克癌症、腫瘤等重大疾病。在病理、藥理方面已擴展於分子生物、微生物、基因等基礎領域，涉及各種藥物、各類技術應用領域的研究可謂無微不至。然而至今依然處於混亂紛爭中，問題出在缺乏「綜合理論」（辯證與系統）的規範思維，而非「試驗拓展」！

本文定名「千年法典」，是指望有高人出面否認它！如果無人能夠挑戰它的「權威」，那麼，只要人類社會存在，只要需要維持人類社會公正合理的「認知秩序」，即使千年之後，它們依然是無人可以逾越的「法典」！

二、唯有「多因邏輯」能夠讀懂「人性」

人性，是人類社會文明制度建設的重要基礎。西方文化受「單一求證」邏輯原則的限制至今難以破解，造成人類文明的社會制度長期陷於混沌中。「善惡難辨的人性爭議」永無止境，達爾文主義的「不斷進化的人性定義」難以驗證！究竟怎樣才能找到眞實可靠的人性特徵（科學標準）？只能依靠《多因邏輯學》與《多因社會學》的創立！

環境與教育必定會影響或決定人群（人性）的善惡價值取向。置身納粹帝國、大一統專制國度或者腐敗體制中的個體或群體，如果不去參與做惡或默認犯罪合理，必定面臨生存艱難！徹底改變人類社會的各種生活生存、政治文化環境，才能最終實現人類和平！

應該反對各種「極端主義」，包括「共產主義和絕對自由與絕對平權主義」，因爲它們會製造社會混亂（分裂）、悲劇和各種罪惡！也不應完全認同傳統的所謂「保守主義」價值（文化）標準，因爲它無法實現對各種社會（現實需求）價值理念的「綜合平衡」。如果無法佔領各種「極端主義」的生長空間，等於變相（被動）支援了「對手」生存的合理性！儘管自己在竭盡全力的反對、反抗「對方」，對方依然會存在，甚至可能會擴大！

在以法治爲重心的現代社會中，任何「道德標準」都難以駕馭特定個體（或群體）被現實「利害利益」的左右！爲此，只有強化法治對善惡行爲的規範才能避免和減少罪惡行爲的產生！據此，過度的堅持和依賴「傳統價值」難免出現巨大落差的心理預期！

唯有依靠「多因文化」才能徹底消除人類社會的各種矛盾糾紛和差異衝突！必須明確「環境和教育必定會影響人性的善惡行爲」，

方能有助於徹底否定「馬列共產進化」的社會理論基礎！也才能規正（糾正）達爾文「進化論」的偏見，因爲其中的「適者生存」才是它眞正的「合理價值」。也就是說，「生物進化」不存在必然性，「適應環境」才應該是它的主題。而適應環境卻是「進退變化」而非「必然進化」！既然生物不存在「必然進化」，那「共產進化」又從何而來？顯然只能是欺騙、詭詐與掠奪！

如果說將達爾文的「生物環境適應論」誤解爲「生物必然進化論」是人類犯下的一場巨大的認知錯誤，那麼，這種錯誤產生的原因應該與「邏輯知識」存在嚴重缺陷相關。因爲西方社會現行的「單一求證」邏輯標準是無法明確「適者生存與進退變化」的，它也無法去排除傳統的「恒定人性」價值標準。然而，傳統的「恒定人性」也因爲受到「單一求證」邏輯標準的限制，長期陷入「善惡難辨」（正邪對峙）的困境和爭執中！——既然樹立了「對立面」，不能讓它消除又無法使之信服，這個「對立面」便會選擇強化求生！

很明顯，生物能夠適應環境才能生存。環境利於它優化，它便能進化，環境迫使它劣化，它便只能退化。而「人性」在適應環境的基礎上只是增加了「教育」的影響作用，並且會通過「善惡變化」得到呈現。也許有人會問「誰是教者」？非常簡單：互相施教！前者教後者、長者教幼者、智者教愚者、專者互教等等。

人類對環境的適應是建立在「立體關係」上的，它們包括宏觀的「宇宙環境、地球環境」，中觀的「生物環境、物理環境」，微觀的「生化環境、粒子環境」。也包括人類自身的「國際環境、地域環境、社區環境、生活環境、精神環境」。此外還包括人文關係的「親友環境、工作環境、族群環境、學習環境」等等。這些環境都在影響著人類、人群、人體的「適應性質」。

人體既能被宏觀的自然環境影響，也會被中觀的社會環境影響，還會被微觀的生物環境影響。或者說，物質環境和精神環境都會影響人體的「特性」，而人體（動物）的各個器官也會受到它的環境所影響，且「基因特性」也是會受到它所依存的細胞生存環境的影響。如果人體（動物）所處的自然和社會環境不利於其正常生長，便會出現「退化」。如果某個生理器官所處的環境會傷害它的正常生長，這個器官也會出現「退化」（病變）。同樣，如果人體（動物）的細胞生存環境不利於它正常生長（複製），便會影響或導致它的「基因變化」。

人類對自然和社會環境不只是適應，也具備改造功能。但是，人類無論是對自己所處的自然環境還是自身融入的人文環境的改變都是有限的！「相互適應」是需要明確的，以「隱瞞欺詐和無情掠奪」來維持的社會秩序，毫無疑問應該被改變！唯有建立「公正透明」的社會保障機制，才能建築起人類社會關係的和諧！操控宇宙、控制全人類的利益都是一些人的欲望。「爲人民服務或爲民眾謀福利」常常成爲政治家的「誓言」，但有些政治家卻將它演變成了「操控（騙取）人民利益」！有人會建言「不要看他怎麼說應該看他怎麼做」，但這話似乎太模糊。應該說，衡量合理的標準是看他是否在儘量創建和維護「公正透明」的政治機制。如果他是在竭力阻止和損害「公正透明」（如「四權分立」）的政治機制，一定是在欺詐、玩弄甚至掠奪人民的利益或權利！

欲望無止境，逐利終有限！人類自身創建的「人文環境（社會制度）」至今仍然紛繁雜亂，根源在於未能建築起統一的「文化價值認同」的科學理論體系標準！興許《多因社會學》能夠呈現不同的實際效果，指望有人能夠與我共同期待它的價值體現！

三、法治國家的標準

時下，中美兩個世界大國已經漸成「勢不兩立」的狀態，儘管雙方也在宣稱「和平競爭或和平發展」。然而，自欺欺人的時期似乎已經無法繼續維持！因爲人類文明進步的基本價值無法容忍兩種「天壤之別」文明標準的和平共處！利用「法律」參與戰鬥已經成爲雙方的共同選項，如何評判「法治國家」顯得尤爲重要！

法律是維護人類現實社會秩序的重要規則，任何社區、地區、國家或國際機構都會通過制定「法律」來維持社會秩序。中國（中共）政府在制定了《港版國安法》之後，又推出了《反外國制裁法》。兩個世界大國通過制定法律來實現相互爭鬥，立法資格如何認定？

立法程式和立法目的，無疑是評價立法資格的重要內容。中國是由一黨（中共）控制下的立法機構去制定法律，自然會以維護「一黨專政」的目的去制定法律。美國是「四權分立」下獨立的立法機構去制定法律，自然會以維護「四權分立」的目標去制定法律。儘管美國的「四權分立」還存在一些不足之處，但明顯升級了「公正透明」標準！據此，中共政府制定的法律不可能有助於提高人類社會「公正透明」的文明標準，反而會成爲阻礙文明進步的障礙！

當一個國家政府是以維護「專制政體」爲目的去制定法律，這個國家自然沒有資格稱爲「法治國家」！所謂的「社會主義國家」是中共政府長期忽悠世界的道具，我的相關文章充分論述了「社會主義」是容易產生歧義的模糊概念。中共推行的極權政治是需要強力維護「權貴階級利益」才能實現的，它不僅製造政治權貴利益階級也存在經濟利益階級。

這些社會階級無論如何都無法被其高度頌揚的所謂「社會主義

標準」劃上等號，但現實中不僅是中共政府還是國際社會似乎都給它們劃上了「等號」！

我認爲，國際社會應該廢除「社會主義社會、資本主義社會、共產主義社會」等模糊或虛假名詞（概念）的使用，應當用「法治社會、專制社會、民主社會、極權社會」等統一的政治性名詞（概念）去認定現實社會的不同特性。因爲前者包含模糊、片面、虛假和欺騙作用！即馬列主義定義的「社會主義」是模糊概念，而「資本主義」則是用放大了的「資本剝削」去揭蓋（忽略）了資本的「最先進生產力」價值！至於共產主義絕對是欺騙世界的虛幻概念，毫無實際價值！據此，都應該在國際社會中拒絕或禁止（限制）使用！

選擇在國際社會中使用統一單純的政治性「對比概念」：法治社會、專制社會、民主社會、極權社會，才能夠明確的界定出不同社會制度的文明標準，不僅容易分辨眞假，區分優劣，還有利於消除落後、驅除僞善，減少社會紛爭與混亂！

人類社會必須要明確，法治國家應該建立在維護社會整體利益關係「公正透明」的基本原則之上！從制定法律的理論（邏輯）標準和制定法律的人員資質，到執行法律的行爲過程，都須要體現出充分尊重和維護各階層社會利益（訴求）的「公正合理」。

如果制定的法律或法律執行者，只是體現出維護一部分人群（或制法與執法者群體）的社會利益，這種依靠「法律」來管理社會（統治民眾）的政府不可以（沒有資格）被稱爲「法治國家」！法治國家，是建立在維護各類人群利益充分「公正化價值」之上的系統性社會制度，絕不只是依靠「法律」去管制民眾行爲的社會制度！

四、對馬克思「辯證唯物主義」虛假性的論證

顧名思義，「辯證唯物主義」是辯證和唯物的結合體。由於馬克思主義依據的「黑格爾辯證法」是錯誤的，自然不可能正確引導人類步入先進的文明社會秩序中。甚至還會製造出各種傷害人類文明進步的嚴重事件。徹底破解它的真實含義，利於人類社會創建或提升文明秩序。

我們知道，馬克思主義依據的黑格爾辯證法邏輯是：對立統一。我的相關文章已有充分論證，它只能是去體現矛盾（對立）著的事物出現「一方吃掉另一方或者雙方同歸於盡」。這種選擇顯然不利於人類文明的社會建設，如果選擇（定義成）「對稱統一」無疑更加利於文明秩序的建立！對稱，既不追求「一方吃掉另一方」也不需要「同歸於盡」，而是創建「和諧共處」的人文秩序（關係）。

「唯物」，應該包含「物質性、細緻性、驗證性」三項基本內容。我們看到的馬克思「唯物主義」只是去強調「物質第一性」，並沒有將「細緻性和驗證性」實現有機結合。這種缺乏「細緻性和驗證性」的所謂「唯物論」只是體現出抽象模糊，不可能在現實的社會實踐中展現出「真實與文明」。即依據馬克思「辯證唯物主義」去推動的社會實踐，只能是去製造野蠻秩序或社會悲劇，甚至還會嚴重阻礙人類文明秩序的進步！

黑格爾的所謂「唯心主義認識論」顯然不是建立在嚴謹的實證科學意義上，是無法體現在現實實踐驗證中的，只是「純抽象的學術思想體系」。雖然馬克思的所謂「唯物主義認識論」基於所謂「相反」的角度，試圖用所謂「科學」標準來證明自己的合理性。但由於它依然沿用了錯誤的「辯證邏輯」原理，因而同樣會得出錯誤的

認知結論！馬克思依據的「對立統一辯證法」產生（提出）了：一個階級壓迫另一個階級的政治主張。不僅無法消除階級還會製造或維持社會階級（統治和被統治階級）。資產階級，是利於人類文明發展的先進生產力之一，在馬克思的邏輯理論中卻被主張「實施消滅」。因而，它不是在推進人類文明，而是在破壞和阻止人類文明的進步！

無產階級，被馬克思主義推崇爲應該成爲「統治階級」，但無產階級中卻可能會包含有「低能和懶惰」的成分卻被忽視。依靠無產階級的所謂「先鋒隊或共產黨人」去創建無階級統治（壓迫）下的人類社會秩序，卻違背了「人性私欲性」不可以根除的原則！

共產制度的「先鋒隊或共產黨人」，因其無法消除自身「政治管理者的私欲性和無產階級集體性經濟生產的低效性」，都會讓馬克思主義理論主張的「共產社會主義」實踐全面落敗！當今世界最強大的「馬列主義或共產黨制國家」的中國，不敢公開各類政治官員財產及特殊待遇，充分證明無產階級的先鋒隊隊員（中國共產黨員）的私欲極其嚴重！既然「共產黨員」都會擁有私欲，他們有什麼資格去評判和剝奪「資本家壟斷管理社會資本」的私欲和財產？！

「對稱統一」邏輯規則，主張「平衡原則」。政治上的平衡是：基於三權分立的法治爲中心！經濟上的平衡是：鼓勵多勞多得與輔助弱小的配合措施。「對立統一」只能產生傷害人類文明秩序的作用，唯有依靠「對稱統一」邏輯原則，才能創造出利於世界和平的文明社會秩序！據此，徹底廢除「馬克思主義及其所謂辯證唯物主義和歷史唯物主義」的理論主張（障礙），乃是人類社會推進文明秩序的重要條件！

五、「多因文化」是人類文明的未來和希望

（一）什麼是「多因文化」？（哲學邏輯基礎）

我認爲迄今爲止，人類文明大體上是建立在兩種文化價值上的，一種是「大一統文化」，另一種是「對立統文化」。前者主要基於依據「演繹和歸納邏輯」，而後者則基於依賴東方的「陰陽平衡」和西方的「對立統一」邏輯。基於演繹法和歸納法的「大一統文化」具備了一套成熟的「邏輯規律」規範，容易規避許多錯誤的認知行爲或標準。而基於陰陽平衡和對立統一的「對立統文化」卻缺乏相應的「邏輯規律」的規範，自然無法避免產生錯誤的認知行爲或價值。

嚴格講，基於演繹和歸納邏輯的認知文化（價值標準）是屬於「單因文化」，因爲它們都是遵從「單一屬性」去認定事物性質（特性）。由德國哲學家康德提出的「二律背反」自然是對「單一性」認定價值形成了挑戰。之後的德國哲學家黑格爾提出的所謂「對立統一規律」，試圖實現對前面兩者的涵蓋。但由於黑格爾提出的所謂「對立統一規律」缺乏充分的具體（實用）論證，只是一種純哲學化和抽象性（思辨性）的理念表述，不僅難以在具體的社會實踐中得到印證反而成爲攪亂人類文明認知價值和社會秩序的重要禍根！

對立，自然是分離，而統一，又是結合。「既對立又統一」顯然自相矛盾。雖然現實中存在「對立（矛盾）」因素的事物似乎又在「實現統一」，但粗糙的理解爲是依靠「對立（矛盾）」去實現的，必定是嚴重錯誤的也是極其有害的。因爲借助黑格爾所謂「對

立統一規律」發展（盛行）至今的馬克思列寧主義、毛澤東思想等認識理論，都是去利用和調動「社會矛盾（衝突）」製造了無數人間悲劇和罪惡！

事實上，對立（矛盾）著的事物（或屬性）只能「和諧共處」在「對稱」狀態中，或「對稱平衡」中。對立（矛盾）事物（屬性）只能產生分裂、殘殺和混沌。東方的「陰陽平衡」認知價值無疑更爲貼近「矛盾和諧統一」的實質，但因缺乏系統全面的「邏輯規律」去規範，容易造成各種各樣的認知錯誤或缺陷。當然，除了需要系統全面的「邏輯規律」參與規避認知錯誤，還需要將「陰陽平衡（對稱統一）、五行、八卦」實現系統結合及充分具體化（或通俗化與標準化）。始終建立在哲學抽象基礎上的認知原理，自然無法避免造成各種各樣的認知錯誤和混亂！

西方文化中，現代學術界從純實用（物理學）技術角度產生的「相對論和系統論」，實際上都是在推進邏輯科學的發展。只因缺乏將「辯證與系統」認知原理實現充分融合及接入相關「邏輯規律」的有機結合，只能停留在各種分離狀態中。相反的，當實現了「辯證與系統及相應邏輯規律」的充分融合後，一種影響人類長期價值的文化體系便會油然而生！這個文化體系便是「多因文化」，而它的核心基礎便是「多因邏輯體系」！

（二）「多因文化」的歷史價值

「大一統」認知價值，無疑是「極權社會」依賴的邏輯（觀念）基礎。而「對立統（一方吃掉另一方）」認知價值，卻在衝擊著「大一統」的認知價值。兩種始終無法融合的認知價值，卻是人類文明近二、三百年中相互角逐的主題。二者的角逐不僅在促進人類的極速發展，也在製造著人類社會的充分混沌化。極速化發展無疑只能是一部分人的願望或維護一部分人的利益，因爲另一部分人會感知到「極速化的偏執性」危害！譬如環境損害、食物毒化、財富差距、貧富懸殊、自由氾濫、人性無度，如此等等都是在損毀人類文明的核心價值！

「大一統」的認知價值，因其成爲「極權政治」封閉人們自由的枷鎖而必須衝破！但替代它的絕不應該是「對立統（一方吃掉或者壓迫另一方）」的認知價值，而應該是「對稱統（平衡統或和諧統）」認知價值！雖然「對立統」認知價值能夠有利於衝破「大一統」價值體系的堡壘，但它不易建立起穩定和諧的人文關係與充分融洽的人文環境！人類近二、三百年的極速發展已經充分證實了極權政治需要衝破，但替代它的政治價值絕對不能是「對立統」而應當是「對稱統（和諧平衡）」！

所謂「對稱統（和諧平衡）」，就是要消除各種「極左派或極右派」對峙或分岐價值觀。這些各種極左與極右的價值觀所推動的社會變革，不僅展現了各自的「優益成績」，也暴露了各自的缺陷與狹隘！我們應該清醒，歷史已經不允許人類繼續保持「極右與極左」兩大價值的長久共處，需要依靠創建能夠代替封鎖社會自由的「大一統」價值，又可以避免造成社會嚴重混沌化的「對立統」價值攪擾的「新生價值」。這個影響人類未來和希望的人文價值只能是「對稱統（和諧平衡）」，其文化特徵便是「多因文化」！多因文化以多因邏輯爲基礎，必須是一套完整的學術文化體系。它是全新的，也必須是無可挑剔和無法被顛覆的！它是人類歷史發展的必然產物，更是人類文明的歷史高點！

近一百多年來，馬列主義推廣的所謂「共產、社會主義」一直在攪亂人類文明秩序，它製造的人間悲劇遠遠超過二戰期間德國和日本發動的軍事戰爭。我們絕不應該允許它繼續禍害人類文明，但只有從根源上去拔除最終才能消除它對人類文明的危害！人類文明需要「友善」，但不應該建立在「單一強制化」機制基礎之上！馬列主義的所謂「共產社會」主張全社會須「無私奉獻」，並且依靠宣稱「政治是一個階級壓迫另一個階級及共產黨是被壓迫階級的先進（正義）代表」。實際上是讓「共產黨領導及其組織成員」（共產政府）成爲了強迫全社會成員作出「無私奉獻」的劊子手！由於這種主張違背人類的基本屬性，包括「自然屬性和社會屬性」。成爲「強姦人性」的罪惡制度，因爲所有推行「馬列共產制度」的國家都會變成「極權社會」，實行強行剝奪人民自由與各種合理利益的惡意主張和行爲！而實際執行該制度的所謂「先進（正義）代表」卻都變成了鎮壓民眾和欺詐掠奪民眾財產的貴族階級，與馬列主義頌楊的「人文價值」完全背離！

人類社會應該以「動態互助」爲基礎去構建和諧共處，所謂「動態互助」就是任何人都會成爲「支助和受助」對象。譬如當某人處於「強勢狀態」（如壯年）時他應該幫助別人，但當該人處於「弱勢狀態」（如幼年或老年或生病）時他應該接受別人幫助。這種互助社會不應該建立在「單一絕對性」制度之上，應當建立在「動態平衡」機制之上。所謂「動態平衡」就是允許在一定程度上的「自由選擇」，這種「自由選擇」可以理解爲「支助或受助時的討價還價」（議會認定）。這種「討價還價」應當被視爲正常合理，因此，需要充分體現「公平公正」！當這種支助和受助需要依靠「討價還價」（議會）去認定（確立）時，它就必然是一種廣泛和正常的社會行爲。對於這種廣泛存在的社會行爲必須依靠一種強有力的政治機制去保障，這個保障機制（制度）只能是「司法獨立與資訊透明」（四權分立）！因爲沒有司法獨立與資訊透明的所謂「互助社會」，很難保障互助社會的公正合理，通常會演變成爲「共產搶劫」的罪惡社會！

多因文化主張「和諧統」文明價值，否定「對立統」社會價值！絕不認可「維持一個階級壓迫另一個階級」的政治認知理論，更不認可「共產黨是被剝削階級的先進（正義）代表」，因它同樣會成爲欺壓弱勢人群的罪惡力量！我認爲，唯有依靠「多因文化」才能夠有效抵制馬列主義及毛澤東思想等，對人類文明的毒害！也只有創建了「多因文化」才能徹底終結「馬列共產社會主義」對人類文明進步的阻礙！因爲，無法從理論根源上去創建出一個全新堅實和系統完善的文化體系，即使「共產或極權」政權崩潰了也不易建設出健康的「民主政治和自由社會」，譬如前蘇聯、伊拉克等。甚至還有可能反向顚覆，如委內瑞拉等。

本文內容須參閱〈千年法典（認知定律）〉一文。

六、什麼是社會主義？與程曉農先生商榷

2019-2-22 在《大紀元時報》讀到程曉農先生有關什麼是「社會主義」的文章，覺得應當談點個人看法，因爲「社會主義」是當今世界最重大的社會學根本問題！

我個人認爲，僅依靠「單因邏輯」去解讀「社會主義」不僅增加糊塗還會始終爭執不清！運用「多因邏輯」可以這樣解讀：一、承認「社會主義」有不同類型；二、對不同類型的「社會主義」進行分解（分析）；三、對「分解」後的社會主義內容進行重新「組合」結成可接受、可持續的「社會主義」！

我認爲，如果將社會主義制度定義在「扶貧價值」上，當今世界主要可分爲兩類「社會主義」，一是依據馬克思主義理論建立的「公有制（國有化）社會主義」，如中國、朝鮮、古巴、前蘇聯等。二是以保障社會大眾基本生活爲主導的「福利制社會主義」，如德國、英國、瑞典、加拿達等。前者以「政治權力」操控全部社會資源，並據此決定全社會成員的「經濟利益和政治權益」。而後者則依靠「法律稅收平衡介入」全社會成員的「經濟（基本生存）保障」。很明顯，前者是「政治權力操控社會利益」，並且可以「超越法律」（排斥法治）。而後者是「政治權力平衡社會利益」，並且必須「遵法辦理」（法治至上）！

爲此我認爲，有利於人類社會健康和諧發展、具有持久生命力的「社會主義」必須是建立在「公正、自由及法治」基本原則之上的。而主張（或追求）「絕對平均主義（公有制）社會主義」制度是不可持續的！建立在以法治爲根本之外的「社會主義」是沒有公正和自由的，它只會建築在「掠奪和強迫」的野蠻狀態中！並且還

會是「殘忍和邪惡」的，因爲它會伴隨（依賴）「殘暴和欺騙」去維持！

我認爲，程曉農先生對「社會主義」的理解一是限於「單因思維」，認爲只有一種「社會主義」，即馬克思「公有制社會主義」，並且認爲它對人類「有害無益」，須徹底消除！我認爲，這種「簡單粗糙」的定義不利於人們對人類有著重大影響作用的「社會制度」的理性理解與建設。我們知道，馬克思主義將「社會主義」定性爲「過渡社會」，它的主要目標是「共產主義」。由於馬克思主義所依據的是錯誤的「詭辯邏輯」（黑格爾的「辯證法」），加上「社會主義」又不具有明顯的政治或經濟性質含義，這便爲「隨意」增減內涵提供了條件！即「過渡性、模糊性、詭辯性」共同促成了馬克思「公有制社會主義」攪亂世界的現狀！

然而，所謂「福利制社會主義」不是將該制度定爲「過渡性」，而是基於「永恆性」的。前者的最高目標是後來（理想中）的「共產主義」（騙局），後者的最高目標只是現實中的「福利型社會主義」！我認爲，依據「多因邏輯」，「福利制社會主義」包含三類要素：政治依靠「法治和民主」，經濟（分配）依靠「限制高收入、保障低收入」，生產力依靠「資產私有與社會自由」。「資產私有與社會自由」有利於社會財富的豐厚，「限制高收入、保障低收入」有利於社會和諧穩定，而「法治和民主」則是維持社會「公正與自由」的根基！三者都在共同體現和維護高等級的人類文明社會秩序！

我認爲，自北歐等國興起的「福利型社會制度」，是從人類近百多年來因馬克思主義在全球的社會實踐失敗教訓中「總結」（昇華）出來的。但它缺乏全面、系統的理論論證，因而在當今世界存在不同「爭議」！對於「福利型社會制度」，我認爲它會面臨：生產、資產、財產，分配、管理、侵佔、浪費、懶惰，能力、勤勞、富裕，等等基礎性問題及其相互關係的是非辨析。不能全面、系統的解釋這些問題的相互（動態）關係，自然無法產生「統一世界觀念」的作用。其實，基於上述要點，現今的美國也已屬於「福利型社會制度」（因她也在提供普通百姓的「基本生存保障」）。由於理論上沒有「統一」標準（觀念），因此通常會（是）按馬克思主義給「自己」的定位爲所謂「資本主義」。我認它是不能成立的，因爲「資本」具有明顯的「生產力」意義，與不具備單純含義的「社會」一詞無法明確性質區分！我想，也許可以將「福利型社會制度」分爲不同「階級」，當然，至少應有統一的「系統標準」！

我還認爲，「福利型社會主義」也許不需要「富人養窮人」。只要保障了人類現有「生產能力」，控制好「浪費和侵占（貪腐）」，以人類的自然資源與前人的貢獻便可支援低層民眾的「基本生活」（且可依據「現實條件確立階級」）。明確講，就是控制好在軍事、科技、政治等領域的「浪費」（或消耗），以及掌握好資源利用和充分發揮社會生產積極性，人類便不需要「富人養窮人」。（只是理論觀念上需要進一步明析！）我認爲，馬克思主義主張的「公有制社會主義」實質上爲「共產（國有）主義」，應定性爲「共產社會主義」，它難以「成立」的原因是會造成「非貧即腐」的社會秩序（結局）！即「公有制或國有化」制度要麼無法調動「生產積極性」（如毛澤東時代的中國），要麼政府權力（人員和機構）既推動經濟發展且又參與利益分配（侵佔），自然無法保證「公正與透明」（如現今中國），兩者都不利於保障廣大普通民眾的利益和權利！

綜上所述，只有建築在「法治之內或公正透明」基礎之上的社會主義才是和諧美好及可持續的！對人類而言，以馬克思主義「公有制＋極權制」的社會主義是不可接受或不可持續的！而以「法治」爲核心以維護「公正與自由」的社會主義才是應該探索的，假如它可以理解爲是「社會主義」也是中華民族應該期待的！我們不應該簡單的依據馬克思主義給「社會主義」的定義去確認，只有採用「替換」的方式才是科學和有效的！不過按「多因邏輯」它應當有不同「層級」，至少可根據不同國家的資源與生產現狀分爲「福利（富裕）型和保障（脫貧）型」兩類，當然，協調好「公正與勤勞」是至關重要的！

演繹邏輯與歸納邏輯只是主張解讀事物的「單一屬性」，會存在「片面性」，容易犯錯！其次，也爲馬克思主義的「詭辯論（所謂唯物辯證法或黑格爾辯證法）」提供了市場，造成了馬克思主義可以任意糊弄世界人民的意願和行爲！例如中共可以隨意製造出「特色社會主義，發展中的社會主義」等等！馬克思主義提倡的「共產社會主義」可以說是一種攪亂人類文明秩序的「社會遊戲」，並且它一直被一些社會精英（利益集團）所利用！爲此，我認爲，只有借助「多因邏輯」才能徹底消除（揭露）馬克思主義對人類社會秩序的干擾和破壞，才能眞正迎來世界和平與幸福的人類文明！馬克思「共產社會主義」在許多國家的實踐雖然失敗了，但因在理論上至今未被「西方學界」徹底打敗，無疑是因爲「西方社會學」所依據的「武器」（邏輯工具）是落後的。因爲對這類事物的認知（破解）需要「全球視角」和「跨越時空」。對當今世界社會秩序有著重大影響的所謂「社會主義」（名詞）雖然略顯複雜，但借助「多因邏輯」也是容易釐清的！

總結之，能夠被文明價值接受的「社會主義」名詞至少可分爲兩類（四種）：一類是建立在「法治」之下的「福利型和保障型」兩種；另一類是建築在「法治與法制」之上的「獨裁型和集權型」兩種。前蘇聯、中共毛澤東時期及今日朝鮮都屬「獨裁型」的，鄧小平主張的所謂「中國特色社會主義」實際上體現出「權力階級社會主義（集權型）」！在這個「制度」中，上級「權力」可以主宰下級的「各種利益」，上級的「利益」不受「任何法律、道德、邏輯」等限制！即現今世界存在「合法型（法治下）社會主義」與「非法型（法治上）社會主義」兩類！

如果只是會將「社會主義」用於區分「資本主義」，是無法跳出「馬克思主義陷阱」的。因爲，它們二者不存在「對立」邏輯關係的「關聯性」，始終無法理清它們的相互關係！請看下文〈爲「資本主義」正名〉。

七、為「資本主義」正名

「資本主義」作爲一種「社會制度」（意識概念）也許是馬克思主義「創立」的，至少是被他們廣泛「推介」的！我們知道，與這個「概念」相伴而生的還有「共產主義」（制度），這兩個「先天的敵人」自出生至今都攪動著世界秩序，我認爲，唯有將這一對「天敵」一起關進「囚籠」，人類才會迎來安寧或和諧安康！

首先，我這裡所指的「資本主義」只限於把它定性爲獨立的「社會制度」而言，因爲按「多因邏輯」理解，一種獨立的社會制度絕不可能只由「單一屬性」構成！作爲人類社會制度，「資本」只能是社會制度中的「一項因素」，確切的說是體現「生產力」的作用因素。它既不帶有明確的「政治因素」，也不含有明顯的「經濟分配」含義，更不具有決定各種社會要素的「綜合功能」，因此，將它用作（定性）爲一種獨立的「社會制度」必然產生社會混亂！現實社會中，被稱爲「資本主義」的國家將它賦予「民主自由、憲政法治、富裕強大、公平公正」等實質內容，而將其視爲「敵人」的所謂「共產主義」國家則將其貼上「貧富懸殊、資本剝削、私欲冷漠、霸權殖民」等含義。相反的，所謂的「資本主義」國家則反襯出「共產主義國家」是建立在「專制極權、壓制人權、製造貧困、腐敗氾濫」等特性之上的。而所謂「共產主義」國家卻宣稱自己具有「平等互助、保護安全、建設明天、民主專政」等作用。我認爲，造成這種「公說公有理 婆說婆有理」混亂局面的根源是落後的「單因邏輯」，它無法破解（分清或分解）事物的「複雜關係」！

我們知道，馬克思主義編造出「資本主義與共產主義對峙」的根源是基於「資產階級與無產階級」的對立，並關聯於「剝削與被剝削」。由於現實社會中「無產階級」的成員比重通常大於「資產階級」，因此，馬克思主義摧生的共產黨組織容易鼓動起「無產階級推翻資產階級」獲取（騙取）執政權。然而，現實實踐卻充分證明「無產階級」自身難以「致富」，所依賴（信賴）的「先鋒隊（共產黨）」比資產階級更加「兇殘」，他們不但霸占社會財產還限制民眾的自由和公正！

事實證明，人類經歷上百年的殘酷「征戰」（較量），實踐中的「資本主義」明顯戰勝了「共產主義」，但在理論上卻至今未實現對「共產主義」（馬克思主義）的徹底否定（推翻或證僞）！我認爲，要徹底否定「共產主義」就必須否認與它相伴而生的「資本主義」，因爲與它們二者同時存在（出現）的還有一種社會制度被名爲「社會主義」！這個制度不僅可代替二者，而且能充分排斥二者的缺點和接納二者的優點！首先，「社會主義」在「名稱」上不具有明顯的「政治或經濟」含義，屬「中性」概念，這自然有利於對它賦予協調各種社會「差異」（矛盾、分歧）的使命！當然，這種認知的前提是絕對不能認同馬列主義和中共對「社會主義」內涵的認識（解釋）。因爲，在他們的認知中，「社會主義」是過渡性的，會被任意賦予各種「實用性的欺詐內容」（如所謂「新時代社會主義」等）！

從北歐發起的「非馬克思主義的社會主義」（福利制度）不僅讓一些「共產社會主義」實現轉型，也讓各個被稱爲「資本主義」的國家逐步實現轉型，因爲這些所謂的「資本主義國家」基本都實現了對「無產階級」的接納（提供了「基本生存保障」）！爲此，再被理解爲是「資本主義」（資產階級）制度已名實不符，更重要的是它無法將「共產主義、馬克思主義、共產黨組織等」徹底消除，只能讓這等「餘毒」繼續危害人類，一如中共、北韓等。

「資本主義」作爲一種獨立的社會制度（意識概念）退出歷史

舞臺，不是作爲一種「生產力」退出歷史舞臺，相反的，它將在被稱爲「法治社會主義」的制度中發揮重要作用！因爲人類自脫離原始社會至今，主要依靠了幾種社會「生產力」：糧種知識與技術、工業知識與技術、自由貿易與貨幣、資本經濟及消費經濟。這些都是人類得以發展和繁榮的「生產力量」！然而，馬克思主義（共產黨）將「資本」二字賦予了「邪惡」的用意並試圖「消滅」之，它無疑是對人類的嚴重犯罪！

雖然馬克思主義將「資本主義」賦予（擴大）了「邪惡」（剝削）並試圖用「共產主義」替代（消滅）它，但實踐證明是徒勞的！不過，「資本主義」也不應該據此認爲可以替代「共產主義」成爲一種「無敵」的社會制度，因爲除「共產主義」之外還有一個名爲「社會主義」（制度）存在，這個社會制度可以包含「綜合素質」（功能），能包含人類社會的各種功能，且能「協調」各種差異、矛盾與衝突！除此之外，「資本主義」作爲一種百年「商標」已出現「盜版」，我們見到中共已成功將它複製成了「共產資本主義」（有學者稱爲「國家資本主義或權貴資本主義」）。更惡劣的是，「盜版」的利益全被中共侵佔：自命創建了「世界第二強國」！然而，由「盜版」產生的惡名，因其排斥「法治與法制」而伴生的「全面腐敗、貧富懸殊、環境污染、食品含毒」等等卻由「資本主義」去背鍋！

綜上所述，我認爲「資本主義」作爲一種獨立的人類社會制度「名不正」！其次，它不退出「歷史舞臺」也不利於將「共產主義、馬克思主義、共產黨組織」對人類的干擾和破壞（惡意欺詐等）實現徹底清除！因爲一些「利益集團」會利用它的「模糊性」及與共產主義的「敵對性」攪亂人們的意識觀念，從中漁利！只有讓它與「共產主義」同歸於盡（還給馬克思主義），人類才能迎來眞正和平美好的社會制度！這個制度便是「法治社會主義」。把「資本主義」（制度）還給馬克思後，人們才會分清什麼是「合理合法的社會主義」，什麼是「不合理也不合法的社會主義」！才容易讓虛假的、邪惡的、兇殘的「共產社會主義現出原型」從而利於淘汰！

八、馬克思「社會主義」可以科學檢驗

在當今世界，「馬克思主義、社會主義、公有制經濟、平均主義」似乎是同一概念。但以「平均主義」（口號）爲號召力獲得民眾支持則是「共產黨（或競爭者）」政治精英們運用的有效「工具」！

近百年來，世界各國「共產黨或馬克思社會主義黨」利用所謂「平均主義」獲得社會民眾支援，從而享有「執政權」後，至今沒有一個國家得出讓多數民眾滿意的「幸福生活」。相反的，經歷「社會主義」生活後的民眾多數對其抱有怨恨（悔恨），甚至敵視。以至於眾多歐美國家都明確退出了馬克思的「公有制社會主義」。儘管還有少數國家，如中國、朝鮮、古巴等不願放棄（在掙扎中），但卻不敢公開徵求民眾意見，不敢讓民眾重新（投票）選擇！不敢將各種「眞實成就」讓競爭者（民主黨或資產階級）進行「科學驗證」！

有一點不爭的事實，所有實行所謂「共產主義」的國家和地區幾乎都是「貧困」的，如中國在毛澤東執政時期餓死數千萬人、前蘇聯與現今的朝鮮、古巴等都無法產生富裕。爲什麼「共產主義」在實踐中會導致「貧困」？理論邏輯可否進行「證僞」呢？回答是肯定的！

我認爲，馬克思「公有制（平均主義）」的所謂社會主義可以通過簡單的社會「實踐」就能得到驗證，即「公有制（平均主義）」社會的生產與分配可以區分爲四種（八類）人群構成。一是生產能力強者；二是生產能力弱者；三是無生產能力者；四是分配管理者（以及這「四種」人群各自的「親屬」）組成。驗證方法是在任意社會群體內進行「投票」，在充分保證所有參與投票人員均出自對自己承擔的責任與義務完全瞭解的情況下做出的「心幹情願」決定！如若投票結果是願意成爲「分配管理者」的人數「大於」其它種類的人數則無法保證「分配公正」；若願意成爲「生產能力強者」的人數「低於」其它種類的人數，則無法保障社會財富的豐厚！

我們知道，中國大陸自 1949 年至今多次在「公與私」之間「糾結」（反復變動或爭鬥），足以證明「貧窮」與「平均主義」難以脫離！從毛澤東死後中國推行「資本有限私有」（並被國際資本融入）讓人們較快便實現了「脫貧」，但它因堅持維持「中共執政」而保持「國有（黨控）資本」卻繁殖了「全社會腐敗」的事實，都足以證明毛澤東時代是樂於「生產能力強者」低於其他，而所謂「改革開放」後的鄧小平主政則是喜於「管理分配者」多於其他！前者產生「貧困」，後者製造「腐敗」。這兩種結果都是在充分佐證馬克思的「共產（平均）主義美好社會」無法成功完成的根源！

如果有誰認爲馬克思「社會主義公有制」是人類嚮往的「人間天堂」，是「眞理」，是「科學」，可以去組織和參與民眾「投票」驗證，那裡有結論與答案！註：如果把投票人群分為「四類」那參與投票的人員每位只有「半票」資格，「另外半票」由他或她的「家屬或親友」決定！真實的「投票」是一種檢驗，檢驗自己願意成為永恆無私的「奉獻者」，還是接受別人奉獻的「受益者」？更應該明白的是「奉獻」的受益者有可能是「權力者」（分配管理者或政治官員），不一定是「無產（低能）者」！我們需要明白，政治精英（政府官員）不會創造財富，他們需要從「生產能力強」的人群生產出的財富中「提取」成分來實現「平均」！

我們知道，所謂「資本主義」國家的政黨（或者精英）會主張「平等主義」，即「政治平等」。而「共產主義」國家的政黨（精英）則會宣稱「經濟平均」。主張政治平等的資本主義通常能體現「人權保障」，經濟分配上通過「限制高收入、保障低收入」，既能兌現「自由民主」也能實現「富裕安康」。但是，主張「經濟平均的共產主義」，既無法保證「富裕安康」還會剝奪普通民眾的「民主自由」，甚至還會被嚴重的「各種腐敗」侵擾（失去公正）！

十分明顯，當今世界主要有兩種「政治精英」會向民眾推銷不同的「平等制度」，但他們兩者回饋給「選民」的結果是完全不同的！請問「投票者」，您或你們做好「選擇」了嗎？

九、人類必須消滅「馬列共產主義」！

「共產主義」，被馬克思主義提出後已經超過了百年的社會實踐，它不僅造成了上億人喪生，還嚴重阻礙著人類文明的社會進步！根源於它是建立在極不成熟的社會學說（原理或標準）之上的，這個社會學說以所謂「公有制」爲核心，但對維持公有制的「人性基礎」（相對私欲性）卻缺乏充分認識。或者說對公有制社會的「政治匹配」機制嚴重迴避（缺失），因而在現實實踐中便體現出各種「虛假與罪惡」！

我在其它相關文章中講述，人類的任何社會制度都需要「政治、經濟、文化」機制去匹配（協同），即只有建立在有機的「結構性」機制之上的社會制度理論才能符合科學！馬克思主義的社會學說是以所謂「辯證變化」去理解和設計社會制度，用所謂政治與經濟「相互否定（推動）」去理解和創建人類社會制度是極端荒唐可笑的！

由於任何現實社會制度都需要政治、經濟、文化等特性去協調（匹配），而馬克思主義主張的「公有制」社會只能被「極權制政治因素」匹配卻被人們忽略。加上人性具有「相對私欲性」，造成實際上的「共產制」社會只能有利於「政治極權者」（共產權貴集團）！

毫無疑問，「相對私欲與極權政治」是馬克思主義「公有制」無法擺脫的「伴侶」，也是它不敢公開的「隱私」（或罪惡）。爲此，在實際的社會運行中只能採取掩蓋事實的方式去處理，也就是採用「欺騙或鎮壓」的手段去對待民眾。這種欺騙或者鎮壓，無疑是反人類社會文明進步的，因此，消除或消滅它是人類的必須！

我們知道，在實行「公有制」的社會裡，必須（只能）依靠「極權政治和欺騙文化」去維持。這種極權與欺騙，自然會不斷招致反抗的力量，爲了壓制反抗力量只能不斷升級控制（罪惡）的手段。我們見到，今天的中國爲了維持所謂「公有制」（權貴利益），不僅會利用「財產公有」控制全社會成員的生存條件，也利用「政治極權」控制全社會成員的政治取向，同時，還採用「文化專制」操控全社會成員的思想（言論）行爲。在這種社會制度中，人們只有被迫選擇順從具有奴役性質的「共產、強權和專制」！

毫無疑問，現實中的「共產主義」不是有利於「無產階級」，而是更有利於「共產權貴」！眞正的「無產階級」既無財產也無政治決定（自主或民主）權力，所謂「無階級社會」實際上卻被「共產權貴階級社會」代替。它所謂的「社會主義是共產主義的過渡階段」，成爲最管用的「邏輯痲痺」（騙局）。因爲馬克思的「共產主義」迴避了人性的「相對私欲」特性，且利用模糊的所謂「社會主義」（名詞）迴避了實現的「時間表」，從而能夠方便有效的欺騙世界人民！

實際上的「公有制」社會，只能成爲「共產極權控制」的社會。在這個社會制度中，最受益的人群無疑是「共產權貴集團」，其次是「投機取巧」的人群，他們善於迎合「共產權貴」的各種要求從而獲得較高利益。至於眾多善良的普通民眾（無產階級）絕對無法享受平等的社會待遇！在這種社會制度中，最不幸（或遭遇最不公待遇）的是申張和維護「政治公平、思想與言論自由、司法與財務（財產）公正」的人們，他們會面臨無情壓制（或鎭壓）！

馬克思主義的「共產主義」是殘缺和詭辯的社會學理論。它在實踐中以「野蠻的搶劫」實現經濟共產，並依靠「政治強權」（剝奪民權）來控制社會，還依靠詭辯（流氓）文化以所謂「過渡期」欺騙或痲痺社會！實際上馬克思主義主張的「共產主義」，即所謂「無階級、無私欲」的理想社會永遠無法實現！它始終都只能建立

（維持）在「權貴階級」社會上，始終會依靠「強權政治」去控制社會。在這個社會制度中，人們的生命財產、民主自由、言論行爲等基本權益全被「共產權貴」任意主宰！

實踐充分證明，封閉的共產社會只能「產生貧困」，開放的共產社會卻「泛生腐敗」，它們是「共產主義」永遠無法擺脫的「孿生魔咒」！無疑的，無論是貧困或者腐敗都是人類社會必須儘量消除的！「馬列共產」不僅會建立在搶劫、欺騙和無情鎮壓（嚴重剝奪人權）之上，還會製造貧困或腐敗。請問，有何理由讓它在人類社會存在，容忍它長期壓制、欺詐、侵蝕人類社會文明？

我們見到，人類最強大的「共產中國」不僅在毛澤東時代製造了嚴重的貧困，在鄧小平主導「讓一部分人先富起來」後，又製造出了無以復加的權貴階層和全社會腐敗！這個強大的「共產社會」不僅嚴重的欺壓中國人民，還在不斷的侵蝕全球的社會文明。如果人類不能將它徹底消除,必定會造成整個人類文明社會的嚴重傷害,甚至嚴重災難！

毫無疑問，「美中貿易戰和香港反送中」等巨大的形勢變化，都因中國的「共產制度」與先進文明之間形成了無法調和的衝突！即嚴重的經貿失信（欺詐）和維護權貴利益成爲美中貿易戰最難推進的堡壘。而權貴利益的內鬥同民主自由與專制強權的水火難容，成爲「一國兩制」的生死之戰！所謂「一國兩制或全球兩制」都是在欺騙或愚弄世界，如果人類只能允許一種社會制度存在，那它絕對不能是邪惡的「共產主義」！我們堅信，正義永遠戰勝邪惡，依靠欺詐、掠奪和殘酷鎮壓去維持的「馬列共產社會制度」必然會被消滅，也必須被消滅！

十、也談「普世價值」的昇華

當今世界有兩部「宣言」在強烈的攪動著人類社會秩序，一部是美國的《獨立宣言》，一部是馬克思主義的《共產黨宣言》。它倆水火難容，雖然都力圖消滅對方，但似乎力度不足。我想，它倆間應當是缺少一項「催化劑」，或謂「是非判官」。今天，它將誕生：《滅共宣言》！

無疑的，《獨立宣言》是美國人民的信仰與驕傲，它是衝破「極權專制」，獲得「自由法治」的旗幟。它以保障「個人權利」不可隨意侵犯爲基礎，依靠「法治爲核心」，使之創造了當今人類最強大的「美利堅合眾國」！然而，以《共產黨宣言》爲旗幟的「政黨」，卻主張以「財產公有」的方式構建人類社會。實踐證明，「公有制」社會不僅具有「搶劫性質」還牢牢依靠「極權專制」。爲此，《共產黨宣言》不僅與美國人民的信仰與利益形成直接衝擊，擾亂人類社會秩序，還嚴重阻礙整個世界文明制度的進步！

毫無疑問，這樣兩個認知性質不同的「宣言」是難以共存的！我們見證，試圖在全人類實現「共產制社會」的實踐，因違背「人性」和依賴「野蠻」（暴力）而犯下嚴重的反人類罪行，且難以實現「人類和平（平等）」。雖然不少歐美國家和民族已經拋棄或推翻了它，但仍有少數國家和民族在遭受它的侵害或殘害！逾百年間，美國政府和人民一直在與「共產制」抗爭，爲此付出了各種艱辛和沉重的代價！眼下，堅強的美國政府和人民正在面對最邪惡也最強大的「中國共產制」社會的全面攻擊。它以所謂「特色社會主義」之名，以「共產搶劫」的方式製造出極端不公且十分嚴重的「社會階級」！它用「文化專制」控制人們的思想和言行，嚴重侵害民眾的精神自由！在國際上，它利用「民主制度」充分的言論自由推銷「專制文化」，限制和打擊合理的言論自由。並且，它還以邪惡的「腐敗和流氓」手段侵蝕和破壞西方先進的文明社會秩序！

美國的《獨立宣言》主要是針對傳統的「極權專制」，對付後起的「共產專制」，似乎缺乏針對性。《共產黨宣言》針對所謂「資本剝削」主張「財產公有」，而《獨立宣言》自然無法正面應對。然而，事實證明，「財產公有」卻被共產黨人（共黨組織）據爲私有！雖然《共產黨宣言》宣稱「共產黨人是無私的」，但無法被實踐佐證，反而證明《共產黨宣言》是虛假（僞善）的和「違背人性」的！由於它被無數事實證明是虛假和殘害人類文明的，消滅它則成爲必然！

近些年來，北韓的金正恩借中共助力，採用毛澤東的「困獸之法」，利用「核武」恐嚇和阻止世界人民享受先進的文明秩序！同時，中國的習近平則力推「中國夢、一帶一路、2025 計畫」等，力圖改變先進的世界文明秩序！然而，特朗普政府發起經貿「公平保衛戰」，撬開了歷史性的「滅共序幕」。從「中興」試刀、「華爲」試槍、中美雙方「關稅」累加，到香港「熱戰」的全面暴發，一場全球性的「滅共戰役」已經無法阻檔！無可置疑，影響人類文明進步的戰鬥號角已經吹響，這場戰役的最終勝利，一定屬於正義、善良、堅定、勇敢的世界人民！

只有全面地滅除了「共產理論、共黨組織、共產政權」，人類才能建立起符合「人性」公正、公平、以「法治爲核心」的文明社會！因爲在「共產制度」下的社會環境非貧即腐，只有依靠「財產私有」（或充分保障個人權益）爲根基的社會才能激發眾多社會精英的創造積極性，實現全社會富裕安康！只有建築在「法治治下」的充分民主和自由，才能最大限度消除「腐敗和權貴階級」，也才能充分保障人民的合理主張與合法自由！馬克思主義的所謂「公有制社會主義」，無法脫離「極權專制」，它嚴格控制人民財產和自由，是人類文明不可接受的！眞正科學合理的社會主義制度，一定是文明、自由的，也必定是透明和公正的！

《滅共宣言》，我在此只能是「帶頭」，無權「代表」！我希望全世界所有遭受過「共產侵害」的人們都站起來，以及所有明白了「共產有害」的人民都站出來，用自己堅定信念去支持和書寫自己的《滅共宣言》！讓欺騙和殘害人類社會文明進步的「（馬列）共產社會主義」被徹底埋葬！

十一、新版國際歌（試稿）

起來，被共產壓迫的奴隸，
起來，全世界明智的人！
滿腔的熱血應該沸騰，
要爲眞理而奮鬥！
共產專制被消滅，
奴隸們起來起來！
我們不可以一無所有，
我們要做天下的主人！
這是最後的鬥爭，團結起來爭自由，
公正、法治、民主一定會實現！
這是最後的鬥爭，團結起來爭自由，
公正、法治、民主一定會實現！

共產黨人不是救世主，
更不靠皇帝和領袖！
要創造人類的幸福，
全靠法治和民主！
我們要奪回民主權利，
讓思想衝破牢籠。
建造公正、透明的政治制度，
才能成爲神聖的公民！
這是最後的戰鬥，團結起來迎明天！

一切歸公民所有，
豈容共產寄生蟲！
最可恨共產騙子，
掠奪了我們的一切。
一旦把他們消滅乾淨，
清亮的氣息融遍全球！

十二、大國意識禍害人類文明的原因

俄烏戰爭攪亂著人類的世界和平與正常秩序，傳統落後的「大國價值」始終容易主導著這種亂局或災害的形成！人類文明需要和平秩序，但錯誤的認知價值會無情地衝擊和平秩序。當「大國價值」與「專制威權」結合之後，必定會摧毀人們期盼的世界和平！

當今世界存在兩種「大國價值」，一種是以美國爲中心的大國價值，另一種是以俄羅斯和中國爲代表的大國價值。以美國爲中心的大國價值，因其建築在了牢固的「民主政治和地方自治（聯邦制）」基礎之上，並且充分依託於基督教的「施愛文化」（平等或互惠文化），有效的限制了「強姦文化和大國擴張」的政治主張！儘管美國曾經「出兵」日本、朝鮮、越南、伊拉克、阿富汗等國家，但至今沒有推出「強姦文化與大國擴張」！

然而，以俄羅斯和中國爲代表的「歷史大國」，由於沒有建立在現代意義的「民主政治與地方自治（邦聯制）」的政治分權機制（制度）之上，「大國擴張和強姦文化」至今在威脅著世界文明！「威權政治與大國價值」不僅存在相互依賴，且會嚴重阻擋「民主政治與地區自治」的推進。中國與俄國（俄羅斯）都是人類歷史上的「威權或集權」大國，由於始終沒有建立起眞正的「民主分權制衡政治制度」，在「威權（或集權）政治」機制的鼓動下，依靠所謂「民族強大（或國家統一）」爲誤導（行騙道具）的政治主張，不僅在威脅（或破壞）著世界和平秩序，也在阻礙著本國文明社會制度的進步！

民族主義（或國家統一）與威權政治的高度結合，無疑會摧生出破壞世界和平秩序的邪惡力量。任何一次世界大戰都會因爲它們的高度結合而製造人類慘局，唯有徹底摧毀「愛國主義與威權政體」的高度結合，才能徹底杜絕非正義的國際主義（殘酷戰爭）的出現！美國是新興的「移民大國」（聯邦大國），較高性質的政治「四權分立」（執政、立法、司法、媒體）有效的阻止了「威權政治」的出現。同時，濃重的基督教「施愛文化」（平等或互惠文化）也在一定程度上抑制了「強姦文化和擴張主義」的形成。

世界和平，需要建築在「民主分權政治與平等互惠文化」的高度結合價值之上！缺乏真正意義上的「民主政治（政治四權分立）」，不可能出現穩定持續的世界和平。沒有堅實的「平等文化（互惠文化）」做基礎，也不可能製造出持續穩定的人類和平秩序。換言之，唯有建築在眞實的「民主分權政治」與濃厚的「平等互惠文化」高度融合之上的社會秩序，才能體現出「愛國主義與國際關係」的崇高文明！

第二章
認識中國是改變中國的前提

一、我是中國人

關於自己「是不是中國人」的話題，已經嚴重的影響著無數人的價值觀念。主要根源是許多人弄不清「什麼是中國人」，而理論界也沒有作出合理說明。我認爲，「中國人」與地緣政治和價值觀念（生存地）只是存在「間接性關係」，存在「直接性關係」的是物種和文化。因爲「中國人」容易選擇改變地緣政治和價值觀念（及國籍），而物種和文化很難隨意選擇改變。

毫無疑問，當今世界已經比較充分的體現著社會交融。雖然通過不同人種的交合可以實現變化物種，但範圍很小。文化間的交流也可以實現一些改變，但根基很難完全抹去，譬如能夠完全消除「中文」嗎？而地緣政治和價值觀念，則可能實現極大程度的改變。我們知道，中國現行的地緣政治和價值觀念的中心是來自西方社會的「馬列主義」，這種政治和價值取向卻基本上已經被西方主流社會廢棄。因此，中國人也是很可能（有必要）會徹底廢除它的！如果它被完全廢棄，請問還有多少人會繼續稱自己「不是中國人」？

「馬列主義」之所以應該被人類廢除因爲它是建立在虛假意義的！它所謂的「共產社會主義」是主張（宣稱）要建立絕對的平等（無私）社會，但實踐結果無一不走向「共產權貴階級（或王權）社會」。它之所以在中國大陸繼續保留的重要原因是中國落後的「大一統觀念」被邪惡政治勢力長期利用，而理論基礎尚未完成有效突破也是讓它持續運行的輔助因素。只要在這兩方面實現了重大進展，在中國大陸徹底廢除「馬列共產社會主義」應該存在必然性，因爲它已經罪惡累累！

中國需要被改變，尤其是地緣政治和價值觀念，它需要無數中國人的共同努力與奮鬥！中國民眾曾經參與的 8964 運動、法輪功學員的持續抗爭、香港民眾的頑強拼搏、臺灣人民的團結一心、海外各類人士的盡力呼籲，以及國際民主力量的大量聲援等等，都是在努力改變中國的地緣政治和價值觀念！中國現行的地緣政治和價值觀念，缺乏民主與自由，而民主自由的重要保障是法治公正。毫無疑問，公正的法治社會需要明確的司法獨立：政治四權分立！只有建築在完善的政治「四權分立」基礎之上的自由、民主、平等、法治，才能充分體現現代社會文明的核心價值，也才是眞正可以彰顯公平與正義的文明社會制度！

我是中國人，我反對（或力求改變）中國現行的地緣政治。沒有人能夠否認，它是建築在「落後、虛假、野蠻」意義上的！它通過限制「言論自由」來維護虛假平和的政治秩序，它還利用「暴力執法（或執政）」來維持野蠻惡劣的政治文化。毫無疑問，這些政治手段都是建立在「落後文明」的價值取向上的，是嚴重阻礙中華民族邁入先進文明行列的罪惡制度模式！

我是中國人，因爲我不尋求改變物種與文化基礎。但是，我不接受中國現行的地緣政治和價值觀念！民主自由、公平法治是我和無數中國人應該努力追求和爭取的核心價值！廢棄「馬列共產社會主義虛假的平等社會」，是任何一位理性正常的中國人沒有理由拒絕的！中國人應該依靠民主自由、公平公正去創建國本，絕不應該去維護以「大一統和共產制」爲國本的王權階級制度下的「強大中國」！建立在「大一統和共產制」基礎上的「強大中國」一定是全人類的災難，任何中國人都有責任阻止它的成長或逞惡！

可悲的是，不少生活在社會底層的中國人不僅自己被中共極權政府剝奪了「自由與平等選擇權」，還喪失了實現教育、醫療、養老等基本生活平等保障的條件與機會，卻一直在愚蠢的參與指責和嘲笑臺灣和美國的社會制度。他們不去正視（理性理解）臺灣和美國廣大的底層普通民眾已經充分享有了教育、醫療、養老等基本社會生存平等保障的原因：自由民主制度！毫無疑問，任何中國人，如果參與指責和嘲笑臺灣和美國的「民主自由制度」，都是在企圖阻止中國的底層普通民眾享有教育、醫療、養老等現代文明社會進步的充分保障，其心可誅！

二、關於「顛覆國家政權罪」的是非認定

「組織、策劃、實施顛覆國家政權、推翻社會主義制度的」，被中共政府制定的相關法律認定為犯下：顛覆國家政權罪。如果被顛覆的「國家政權及其所謂的社會主義制度」本身是在阻礙人類社會文明進步，那所有參與相關法律的制定和執行者均犯下了：反對人類社會文明進步罪（簡稱：反人類罪）！

建立在馬列主義主張的「公有制社會主義制度」，因其只能建立在「極（集）權專制」和野蠻霸道的「王權階級」社會秩序之下。因此，它與馬列主義宣稱的「絕對平等社會」完全背離，是徹頭徹尾的「流氓階級社會」（虛假偽善社會制度）！顛覆這樣的社會制度與國家政權屬於純粹的正義行為，是在彰顯和維護人類社會文明進步的崇高價值，何罪之有？

如果因為維護和促進人類社會文明的進步，是在推動民主自由、司法公正的社會制度建設，而被「人為定罪」，無疑是被以「野蠻落後的政府名義」顛倒了黑白、攪亂了是非！國家政權，如果不是建築在公正合理、民眾享有充分的自由和自主（民主）權利意義上，這種「國家政權」有什麼理由不被顛覆？！社會主義，如果只能建造在維持「領袖治國、權貴階級」利益主導之下，這種「社會制度」為什麼不需要被推翻？！先進的民主政治需要「被監督官員」，而不應該需要「領袖官員」（無錯的「神聖官員」）！

人類文明已經進入必須充分保障民眾自由，體現社會利益充分公正化的時代。司法獨立和政治四權分立，是保障人類社會文明公正合理的最高境界（價值標準）。所謂「馬列共產、社會主義」，是應該被人類文明徹底廢除的新型「奴隸與王權」階級社會。顛覆

這種社會制度，已經成爲人類社會文明進步的必由之路！據此，參與制定和執行中共政府制定的所謂「顛覆國家政權罪」，本身就是在實施犯罪行爲！必須予以追究和接受嚴厲懲罰！

如果「被顛覆的國家政權」，無法證明自己是「名副其實的保障人民利益公正合理的合法政府」，而是「貨眞價實的維護極權專制集團利益的非法政權」。始終是建設在維護「政治官員利益優先和依靠領袖治國」的政治機制之上，人民必須顛覆或推翻它！馬列共產「社會主義政權」即所謂「中國社會主義政權」，請你證明自己爲什麼始終不能公開（公示）官員財產及其生活待遇？爲什麼普通百姓的生活狀態會始終與政府（政治或政黨）官員的生活狀態存在巨大差距？沒有建立在司法獨立和政治四權分立機制之上，如何證明自己具備「民主政權」的合法性？！馬列共產「社會主義制度」只能來自：騙取普通百姓信任，利用煽動普通民眾參與暴力搶劫「私有財產」及其政府實行所謂「領袖治國」（共產權貴階級治國）。這種社會制度毫無公正透明，有什麼理由不應該被推翻或顛覆？！

我們堅定的認爲，參與「組織、策劃、實施顛覆、推翻社會主義制度的」人員和人群，不僅不可以被定罪，還應當被認定爲：人民義士或維護社會正義的人群！換言之，應該被定罪和治罪的是參與中共制定和執行「顛覆國家政權罪」律法的人員和人群！毫無疑問，中共政府完全顛倒了正義、是非與善惡！它一直是在破壞和攪亂人類社會文明進步的基本原則或核心價値！這種反人類社會文明進步的僞善政權，必須顛覆（推倒）！否則，人類文明始終難以推進：公正合理、和諧安康、透明廉潔的社會秩序！

三、馬克思主義與毛澤東思想的實質

中國大陸因中共的產生和存在，將中華民族的「民主自由與法治公正」一致阻擋在門外，幾十年來無數民主人士進行了殊死鬥爭依然難以推進。雖然不少學者從各種角度對中共的「非法性與違理性」進行了許多揭露和批判，但我感覺在對支持中共建政基礎理論的解讀和批判方面還是存在重大缺陷，爲此，我試圖在這方面作點嘗試，以此能在推動中華民族的「民主與法治」進步上有所幫助。

毫無疑問，中共建政的核心基礎理論是馬克思的「唯物辯證法」，這個所謂的「唯物辯證法」被冠以「主義」便成了「辯證唯物主義」。我覺得這個「主義」主要產生（提出）了兩個對人類有重大影響的內容，一是所謂「科學社會主義」，另一個是《資本論》。由於馬克思提出的所謂「科學社會主義」在邏輯上存在嚴重缺陷因而在實踐中均以失敗告終！首先，他提出的所謂人類社會發展史是經由「原始社會、奴隸社會、封建社會、資本主義社會、社會主義社會進入共產主義社會」存在嚴重邏輯混亂！「奴隸與封建」屬於政治性質，「資本與共產」爲經濟性質，不具備同一邏輯關係「推進性」，即馬克思「偷換」了邏輯關係！從而也違背事實，因爲從政治性質推進「封建制度」的是「法治制度」。由於馬克思偷換（混淆）了「政治與經濟」的邏輯關係導致所有推行「共產制」的國家均是從「封建皇權」轉入「共產（共黨）集權」！這是因爲一方面「共產（公有）制」須依賴「集（極）權」，另一方面建全的「民主和法治」體制很難被共產黨接管，因爲「共產黨」無法在公平競爭中獲得「執政權」，無法「掩蓋」他們自己的「私欲」！他們只反「別人（資本家或資產階級）的私欲」，隱藏和掩蓋「共產黨自己的私欲」！另外，「法治國家」不支持暴力革命，只接受「和平（公平）競爭」！爲此，所有依靠「暴力革命」產生的「共產（公有）制」國家幾乎都是由「封建皇權」直接轉入「共產集（極）權」！由於這種轉型是以「暴力革命」實現的，因而在全世界造成了數以億計的人員死亡（被殘害）和巨大財產損失，更爲嚴重的是廣泛波及的精神摧殘！對此，所有推動和推行「馬克思主義」實施的人員都應是人類的罪人！

馬克思的《資本論》提出了「剩餘價值與資本剝削」理念，他認爲「資本家利用剩餘價值對工人進行剝削，不合理應該徹底消除！」並認爲自己找到了徹底消除「資本剝削」的辦法，即建立「共產（公有）制」社會。但他首先沒弄明白「資本是人類社會最先進的生產力」方式之一，不但不能消除反而應當大力發展！人類社會的各種大小產業都離不開「資本」，生產服裝需要「資本」，生產豆腐需要「資本」，建造飛機輪船更需要「資本」，研發藥物、糧種、衛星、各種電器產品等等，無不需要「資本」。這就是說，馬克思的《資本論》放大了「資本的負效應」，惡意的詆損了「資本的宏大價値」！是對人類偉大創生機體的嚴重傷害，他是人類的最大惡人！因爲以他提出的極不成熟（模糊和片面）的「共產制理論」造成了人類的巨大悲劇（傷害和殘害），可謂慘不忍睹！

被馬克思（主義）人爲放大的「資本剝削」，即資產階級與無產階級的矛盾或所謂資本主義制度的負效應，根本不需要通過「暴力革命」便可「消化」，只需通過「兩個協調」便能消減（平衡）：一是建立社會「基本保障」（含基本工資和基本生存條件）；二是「限制高收入」。這就是說，允許「資本利潤」合法私有，支持所有人成爲「資本家」（投資人）。這些方法既能保證社會財富的充分發展也能維持社會關係（秩序）的和諧穩定！相反的，按照馬克思主義（學說）限制「資本繁榮」只會抑制社會財富增長，而推行所謂「平均主義（公有制）」，則將在相當程度上抑制生產積極性及助長懶惰！這些都被人類所有推行「馬克思共產制」的社會（國家）充分實踐驗證了！關於「資本」，馬克思只揭示了一小部分「特性」，因爲資本對人類有著巨大的積極作用和意義，需要客觀公正的認識，它可以分爲「來源與作用、宏觀與微觀、靜態與動態、作用與弊端」等等。可馬克思（主義）只是狹隘和極其片面的解讀「資本」，並將這種「狹隘和片面」的思想以顛覆人類社會「文明制度」的方式進行推動，造成人類的巨大災難與破壞！他只是一名「片面」社會學者，缺乏「綜合認知」能力，不配（沒有資格）設計人類社會制度！

馬克思主義在中國的實踐（實行）產生了「毛澤東思想」，這是因爲馬克思理論存在「先天缺陷」，即實現推翻「資產階級或資本主義」的工人階級在上世紀初的中國缺乏「群體」，因爲二十世紀初中國還未具備一定規模的資本經濟機制自然缺乏「工人階級」。按照馬克思主義的社會發展邏輯，中國還不應該進入「社會主義」社會，而應該先發展成熟爲「資本主義制度」後才應該進行「社會主義」改革（革命）。然而，若眞正建成了成熟的「資本主義」（建全的法治）制度之後卻無法被推翻（改變）了！因此，馬克思主義毫無「眞理」可言！

由於馬克思理論的缺陷，在中國自然無法「依靠工人階級來推翻資本主義」，只能越過馬克思主義去推翻所謂「三座大山」（封建主義、帝國主義和資本主義）直接跨入「社會主義或共產主義」。由於當時的中共十分仰賴蘇共，一方面受蘇共的限制（指導），另一方面中共內部有不少人傾向於照搬「馬列主義」但又與中國的實際情況存在衝突，爲了「統一觀念」，毛澤東提出了自己的「思想（理論）」。他提出的爲統一中共黨內外思想的「理論」後來被中共定立爲「毛澤東思想」，這個「思想」很大程度上幫助了他和中共戰勝「敵人」，這些敵人中有「國民政府、民族資產階級、地主階級、各類民主人士（含學者）、美帝和蘇修」等等。那這所謂的「毛澤東思想」有何重要內容呢？我認為，主要可分為兩部分：一部分是針對「馬列主義」的，主要是「矛盾論與實踐論」，有人稱為「兩論」；另一部分主要是針對「國內民眾和政黨建設」（統一共產意識）的，主要有「為人民服務、愚公移山、紀念白求恩、向雷鋒同志學習」等。「為人民服務和向雷鋒同志學習」等是企圖消除全國人民（含中共黨員）的「私欲或私有觀念」，因為他認為「資產階級與地主階級」的產生都源於「私欲」。但他卻將自己的「私欲（權欲、名欲）」無限延伸，這種只許州官放火不許百姓點燈的「思想、理論」只能在「封閉極權」（嚴格控制思想和言論自由）的社會環境（或國度）中才能產生作用，因此，毛澤東不只是「獨裁者」還是最大的「行騙高手」！

關於「兩論」，前面提到主要是針對「馬列主義理論」的先天缺陷而生，這種作用在「實踐論」上最為明顯。「實踐論」產生的主要目的是要證明毛澤東自己的主張（思想）可以超越「馬列主義理論」框架，不被其他任何理論和主張（含經驗）所限制，從而為毛的「極權」奠定基礎。他在「實踐論」中是利用馬克思推崇的所謂「唯物辯證法」論證「理論與實踐」的辯證關係，證明「馬列理論必須依賴現實實踐（中國現實）」。事實上這等於證明「馬列主義本身不正確」，或「非眞理」！當然，我們也可以客觀地理解為「馬列主義需要在實踐中去檢驗（證實）其科學性質」，這又等於說毛澤東不相信「馬列主義是絕對眞理」！當「毛澤東思想被寫進中共黨章」它就被定義為「對馬列主義的發展和補充」，這種後者證明前者錯誤的思想和理論被定義為是對「前任的發展和補充」，成為了中共的「優良傳統」被後來的歷屆領導人「繼承（效妨）」！因而只要有新任領導人上臺便立即修改「黨章」（添進自己的主張和權益）。為此，現今便有了「堅持馬克思列寧主義、毛澤東思想、鄧小平理論、三個代表、科學發展觀、習近平新時代科學社會主義」的《中共黨章》！

中共的後任領導「否認前任」領導的優良傳統在「鄧小平理論」中表現的最出色，毛澤東借用馬列主義的「辯證唯物論」製造的「實踐論」否認了馬列主義的「封建社會必然進化為資本社會」的理論邏輯，在《黨章》中擠進了「毛澤東思想」。而鄧小平則借用毛澤東的「實踐檢驗眞理」又否認了毛澤東的「兩個凡是」，在《黨章》中擠進了「鄧小平理論」。如果說毛澤東是用「農民階級推翻舊制度」否認（替代）了馬列主義的「工人階級推翻舊制度」，那鄧小平則是用「資產有限私有化」否認（替代）了毛澤東的「資產全面公有化」。自然，他們的後來者也都「照本宣科」地否認前者「錯誤」，但又都不表明「推翻」前者！那麼，這是一種什麼「政治邏輯」？它究竟合理還是不合理呢？

被中共稱為西方「資本主義」的國家如美國，實行的是「多黨（兩黨）競爭」執政，這是因為任何政黨（或執政者個人）都難免沒有缺點、私欲或不出差錯（或認知局限），加上社會事物存在複雜與變化特性，很難做出讓全社會各類人群都（或長期）「滿意」的決策和行為，因而西方多黨制國家採用「民眾選舉、立法審批、司法監查和輿論監督」對執政黨（或執政者）進行即時監評與處置。這種制度的最大優點是「公正透明」，民眾有直接表達意見的環境（條件或權力），任何個人的權益被損害不論涉及任何人（含總統、主席）都有「分管途徑」實現申訴和討回！然而，「一黨執政」國家的執政者（或政黨）為了維持長期執政只能採用「掩蓋缺點、錯誤乃至私欲」的行為和方式來獲得保障，因此，中共歷任領導人雖然都對前任的主張和行為進行了不同程度的「否認」，但為了維持「一黨的長期執政」都會稱自己「繼承」了前任的主張，不會也不敢宣稱自己要超越和推倒前任的主張。這種制度的明顯缺點是「不透明、不敢講眞話、更難保障公正」，因爲不敢講「眞話」等於逼迫大家「違心從事」！換句話說，中共（共產黨專制）只能依靠「假話和違心」（兩面三刀或言行不一）才能保持自己的持續執政！

據說馬克思主義（或馬克思個人）也反對「極權主義」，但它所主張推行的「共產（公有）制」社會是必須依靠「極（集）權」才能建立和維持的，即在「民主或分權制」國家是無法建立和維持的！或者說，「公有制經濟」與「集（極）制政治」有相互依存的關係。爲此，在「共產（公有）制」政體中愈盼「極權」者愈支持「馬克思共產主義」，如毛澤東、習近平！因爲「馬克思主義」提出的所謂「社會主義」是模糊概念，在他的經典理論（邏輯）中沒有反映具體的「政治內容」，唯有「經濟含義的公有制」，只要打著「馬克思主義是眞理」的旗幟，就能利用「公有制」胡作非爲，因爲「公有制依賴集（極）權」，而「集（極）權」可以暗箱操作（不透明），所以能夠「胡作非爲」！至於馬克思的所謂「共產主義社會」則是遙遠或虛幻的，只能稱作「理想「（實爲「夢想」）。因此，只需借用馬克思主義「公有制」三個字便可以隨意「忽悠國民」！

馬列主義的基礎理論存在諸多嚴重缺陷不具備基本的科學價值，無法被現實實踐支持。那毛澤東提出的「兩論」又是否具有科學意義？我的回答依然是否定！前面提到，他提出「實踐論」的目的是爲了證明自己的主張會「超越馬列」又要被「中共內部」認可找依據，但同時又要承認馬列主義理論的正確。爲此他在「實踐論」中說：「強調理論對於實踐的依賴關係，理論的基礎是實踐，又轉過來爲實踐服務。判定認識或理論之是否爲眞理，不是依主觀上覺得如何而定，而是依客觀上社會實踐的結果如何而定。眞理的標準只能是社會的實踐。實踐的觀點是辯證唯物論的認識論之第一的和基本的觀點。」（源引自互聯網「維基百科」）

他這樣的論述便為自己的觀點和主張可以「替代或並列」馬列主義理論建立「邏輯根據」，但又不能完全「超越或替代」馬列主義理論，即他利用和支持了「辯證唯物論的認識論」，便承認了馬列主義的「合理性」。毛澤東用抽象、模糊、片面的論述方式提出他的「實踐論」，除了為他自己的主張和權威建立根據，對人類社會的科學認知沒有多少實用性。實踐，在人類社會的科學認知上具有極其重要的作用，但毛澤東沒有對「實踐」的眞正意義進行「實質（全面、公正）」探討或揭示。實踐在對理論（認識）的檢驗中通常應該存在三至四種邏輯關係，一是證明「理論（或認識）」是錯誤（謬論）；二是證明「理論（或認識）」是正確（眞理）；三是對「理論（或認識）」進行修正；四是對修改後的「理論（或認識）」再次進行「實踐」。很明顯，毛澤東的所謂「實踐論」迴避了前面兩種重要的作用（原則），即「對眞理的肯定和對謬論的否定」沒有充分提倡，反倒將「第四種」方法（作用）進行「誇張」性提倡，即認為「理論（認識）與實踐」反復「迴圈」！這種主張致使在實踐中被證實是「錯誤乃至謬論」（包括馬列理論和他自己的思想與行為）的結論都不會被徹底否定！這就是說，毛澤東的「實踐論」存在嚴重缺陷，不足以指導人們進行正確的實現社會認知，唯有支持他建造自己的主張與威權。他的「思想和理論」只是為自己的「實用主義」服務，非為建立眞正造福人類的認知標準（科學理論）而產生，用意之惡十分明顯！

毛澤東提出的所謂「矛盾論」同樣也是只為「自己」服務！他在自己的「矛盾論」中提出矛盾事物存在：「普遍性與特殊性，主要矛盾與次要矛盾，敵我矛盾與人民內部矛盾，同一性與鬥爭性即對立統一法則」，他的結論是：「我們可以總起來說幾句。事物矛盾的法則，即對立統一的法則，是自然和社會的根本法則，因而也是思維的根本法則。它是和形而上學的宇宙觀相反的。它對於人類的認識史是一個大革命。按照辯證唯物論的觀點看來，矛盾存在於一切客觀事物和主觀思維的過程中，矛盾貫串於一切過程的始終，這是矛盾的普遍性和絕對性。矛盾著的事物及其每一個側面各有其特點，這是矛盾的特殊性和相對性。矛盾著的事物依一定的條件有同一性，因此能夠共居於一個統一體中，又能夠互相轉化到相反的方面去，這又是矛盾的特殊性和相對性。然而矛盾的鬥爭則是不斷的，不管在它們共居的時候，或者在它們互相轉化的時候，都有鬥爭的存在，尤其是在它們互相轉化的時候，鬥爭的表現更爲顯著，這又是矛盾的普遍性和絕對性。當著我們研究矛盾的特殊性和相對性的時候，要注意矛盾和矛盾方面的主要的和非主要的區別；當著我們研究矛盾的普遍性和鬥爭性的時候，要注意矛盾的各種不同的鬥爭形式的區別。」（源引自互聯網「維基百科」，下同）

很明顯，毛澤東提出「矛盾論」是要證明他的「鬥爭」理念，證明矛盾「無處不在」，而消除矛盾的基本原則是「對立統一」，什麼是「對立統一」？據說他曾引用過《紅樓夢》中一段話：「不是東風壓了西風，就是西風壓了東風。」這就是說，「對立統一」抽象的表述爲「既對立又統一」。但我認爲，若建立（應用）在具體的「認識和實踐」中則只能體現爲「一方吃掉另一方或同歸於盡」！毛澤東提出的「矛盾論」就是要支持和鼓動人們不斷的與「矛盾」（敵人）鬥爭，在他的「矛盾論」中這樣描述：「不同質的矛盾，只有用不同質的方法才能解決。例如，無產階級和資產階級的矛盾，用社會主義革命的方法去解決；人民大眾和封建制度的矛盾，用民主革命的方法去解決；殖民地和帝國主義的矛盾，用民族革命戰爭的方法去解決；在社會主義社會中工人階級和農民階級的矛盾，用農業集體化和農業機械化的方法去解決；共產黨內的矛盾，用批評和自我批評的方法去解決；社會和自然的矛盾，用發展生產力的方法去解決。過程變化，舊過程和舊矛盾消滅，新過程和新矛盾發生，解決矛盾的方法也因之而不同。俄國的二月革命和十月革命所解決的矛盾及其所用以解決矛盾的方法是根本上不相同的。用不同的方法去解決不同的矛盾，這是馬克思列寧主義者必須嚴格地遵守的一個原則。」（源引自互聯網「維基百科」）這裡，對解決「矛盾」他提出了兩種基本方法，一是「革命」（敵我矛盾）；二是「批評和自我批評」（內部矛盾）。

我認爲，毛澤東的所謂「矛盾論」至少存在以下問題：一、鼓吹「矛盾普遍性」的作用，實有人爲誇大「矛盾」的學術（邏輯）意義，宣稱「矛盾」無處不在等於煽動「敵人」無處不在！我還認爲，對於人類，人與人之間、物與物之間、人與物之間，無論內部還是外部的「矛盾」不需要過分關注（預設「對立面」），因爲絕大多數「矛盾（對立）」自身是「統一」（協調）的（這應體現在黑格爾「辯證法」涵義中）。二、解決「矛盾」的基本（具體）方法確有兩種，一是消滅「對立面」；二是消化「對立點」。前者是「有他無我」的處理方法，但不可理解爲「統一」，因它是「一方吃掉另一方（或同歸於盡）」，後者是「協調（或協商）統一」，不可理解爲「對立統一」，只能理解（證明）爲「對稱統一」！雖然這「對立統一」是繼承了黑格爾和馬克思的「定義」，也證明毛澤東的邏輯理解（創新）能力低下！其實，毛澤東本人在實際處理事物上常常利用「人爲製造矛盾（社會運動或群眾爭鬥）」，自己卻「置身事外」，從而實現「漁翁得利」！這又與他製造「矛盾論」的邪惡目的一致，即鼓吹「矛盾、鬥爭」爲自己煽動社會「對立」奠定理論基礎，但自己卻「脫身」衝突之間，實爲「險惡」！1949年前不講，1949 年之後至他去世，他人爲發動的所謂「三反、五反、反右、反修及文革」，都是主動挑起（利用）別人（社會群體）之間進行「你死我活」的爭鬥，在這些「爭鬥」中有無數人被折磨、陷害、摧殘或殺害。在這些過程中，絕大多數民眾除了要回應毛的「召喚」，不僅長期參與「相互折騰」而外還要「忍受貧困」！而他個人則終享「太上皇位與榮耀」至今！爲此，可以認定他的「矛盾論」是折磨（傷害）中國人民和中華民族的「罪惡論」，除了利於中共挑動社會對立和矛盾衝突，製造大量的社會「悲劇」，更缺乏嚴格的科學與學術價值！

四、中國人民「解放了、站起來了」嗎？

1949 年 10 月 1 日是中共在中國大陸建政的日子，被中共稱爲中國人民的「解放日」。（中共影片）這天，毛澤東在天安門城樓上向全世界吶喊：「中國人民站起來了！」請問，中國人民眞的「站起來」了嗎？我認爲，要明確中國人民是否眞的「解放和站起」沒有，首先不應只由「官方」（即「中共」，按馬列理論謂「統治者」）說了算，其次不應以「人民」這個抽象（模糊或籠統）名義去認定，也就是說，應該從每一位具體的「中國人」（民主制國家稱「公民或納稅人」）的實際「利益」上去鑒定！

什麼是「解放」？對任何一位元社會個體而言，基本內容應該包含是否獲得：行爲、言論和思想自由！從毛澤東（中共）執政至今，中國大陸有多少「個體」成員眞正享受到了這些「自由」？在毛澤東執政期間所有社會成員「出行」均須「單位（領導）證明」，這是有行爲（行動）自由嗎？全社會成員（包括國家主席）都不能隨意「責毛」，這有言論自由嗎？「文革」期間無所不在的讓人背誦《毛語錄》這裡有思想自由嗎？沒有任何自由請問「解放」了什麼？毛澤東死後鄧小平推動的所謂「思想解放」運動，允許人民「自由思想」，行動（出行）也逐漸取消「證明」，但「言論」如果影響到中共的「統治」（如毛氏的「威名」）也要被禁止，如「畢福劍事件」等！即毛死後至今，毛澤東和時任中共最高領導人的錯誤依然不許在公共媒體上議論，這也是「言論自由」的禁區！另外，任何公共媒體都不許議論中共高層不公，不許討論現行政治制度「缺陷」及提倡推行「民主政治」！綜上，究竟是毛澤東（中共）「解放了人民群眾」，還是人民大眾「解放了毛澤東和中共」？——1949

年前，他們被國民政府和蘇共等「壓制」（限制）！

近年來，新上任的中共總書記習近平借「反腐」之名大力提倡「馬列主義和毛澤東思想」，通過「修憲」力圖重回毛澤東的「獨裁」時代，甚至學毛澤東欲全面推行「習思想」，讓人們再失「思想自由」！再請問，中共這是「解放」了中國人民還是在「囚禁」中國人民？如果是解放，請問「解放」了什麼？

前面提到毛澤東於 1949 年高喊「中國人民站起來了！」請問，究竟是毛澤東「站起來」了，還是一個個中國人「站起來」了？對於每一位具體的中國人，什麼意義才算是他（她）眞正「站起來」了？現實社會中，什麼意義可以被理解爲「自己站起來了」？我認爲一方面應該明確在「政治利益（權利）和經濟利益」之上，另一方面應該明確在「國內利益和國際利益」之上。也就是說，現實社會中的任一成員在其國內與「政治官員」（含國家最高領導）的政治利益（權利）存在哪些意義的「相等」？在經濟利益也存在什麼程度的「相等」？從而認定其在自身國家內的「階級」地位。我們見到，毛澤東在世時中國大陸沒有任何人能與其政治「階級」相衡，他能主宰任何人的命運（生死）、行爲甚至思想。請問，究竟是全國人民讓他在自己面前「站起來」了，還是他讓哪位「人民（平民）」在他面前「站起來」了？他無權主宰對方的「命運、行爲與思想」？毫無疑問，是全中國人民用「血肉」將他「托起來」了！中共實行「階級（皇權）制」，同一國家內的人與人相互比較的自然是「階級性質」！政治權力愈大「階級」愈少，中共總書記自然爲「一級」（等同於皇帝），普通農村居民「階級」最多（也最低），從 1949 年至今已過 70 年了他們依然不敢（不能）在任何人面前「站起來」！事實上只要保持「中共一黨執政」底層民眾就永遠不會「站起來」，而毛澤東和中共則是依賴（利用）他們的損失或犧牲「站起來」（擁有各種權利）的！

中國人是否眞正「站起來」還可以參照「國際標準」，即與其他國家或地區的同類人進行比較！例如中國的低層貧民與美國、日本或臺灣的同類低層貧民（平民）相比較，會存在什麼具體的「政治權益與經濟利益」差別？美國和臺灣最低層貧民（平民），儘管經濟地位最低卻敢於公開指責和選擇現任國家最高領導人，如果有確實理由還可以在公眾媒體上批評他（她）們！請問，中共統治下的中國大陸民眾誰有這樣的「地位」？中共政府讓廣大民眾「敵視」美國、日本、臺灣，其根本原因是這些國家或地區普通民眾的「政治地位和經濟地位」都比自己高，這種明目張膽掩蓋降低了「自己」權益和社會地位的用意是多麼險惡！可悲的是無數中國低層民眾還相信自己「站起來」了，請問毛澤東及其歷任中共領導人他們讓一個個中國人在什麼意義上「站起來」了？中國民眾眞的「解放」了嗎？他們的「政治權益與經濟利益」能夠與國際上什麼國家或地區的同類人相比較？在國內有沒有一點點可以與政府官員「相等」？

毫無疑問，中國共產黨幾十年的歷史命脈是一部欺瞞、折騰、扭曲、糟踏、欺凌、羞辱中國人民和中華民族的歷程！中國共產黨及其高層領導人將中國人民和中華民族視作自己的「玩物」，借所謂「馬列主義、社會主義、公有制、人民當家做主」等虛幻或虛假概念(名詞)，利用廣大民眾的愚昧無知和盲目信賴(甚至「崇拜」)，將中共自己及其親屬的利益（權利和物利）儘量延伸，甚至要求利益「輸出者」對他們「感恩戴德」！被「強暴」了還要求「謝恩」，這便是中國共產黨與中國人民（中華民族）的眞實關係！——中共經常對中國人民（中華民族）說：「中國共產黨養活了你們，保護了你們！沒有中國共產黨你們會受苦、會被壓迫！社會要混亂、國家會分裂！」——而眞實情況應該是：中國共產黨不敢讓中國人民（中華民族）離開，離開了，中國人民（中華民族）才是「眞的會解放」！才能「眞正站起來」！因爲只有中共離開中華民族中國人民才能眞正走向「民主與法治」，才能逃離「專制與愚昧」！

綜上，毛澤東用「中華人民『許可權』共和國」之名「搶劫」了全中國人民的「行爲（行動）、言論、思想、選舉（選擇）」的政治自由，用強迫方式執行普通貧民（平民）與地主、資本家、知識分子等經濟「平均」，但與（共產黨）執政官員卻始終保持「階級」差別。而毛澤東本人則集全中國民眾的「政治權利」於一身，讓自己在全世界人民面前「站起來」了，讓自己的「名望」超越各國「總統」！他還爲後來的鄧小平（等中共領導人）借用他的「名望」實現「經濟搶劫」奠定了堅實基礎！鄧小平則用「中華人民『有限』共和國」之意（只「解放了思想」但「言論與行爲」有限制）帶頭「搶劫」了數億中國低層平民的「經濟利益」，讓「一部分自己人」或與黨政官員「相親相近」的人富起來了，以至於中共成爲了當今世界最富有的「政黨」（政府）！

我們知道，當今世界眞正實行「社會主義」的國家或地區必須具備（遵守）兩項基本條件：按勞分配和基本生存保障！請問中共近四十年「改革開放」（經濟高速增長）是如何對待幾億農民（低層貧民）的？他們享受到了「按勞分配和基本生存保障」嗎？如果沒有，能夠說明原因嗎？「黨政官員」享受的是什麼待遇能夠清晰公開嗎？黨政官員的財產爲什麼一直不敢「公佈」？怎麼走到這種「狀態」的？無疑是利用和依靠了毛澤東「搶劫」全中國人民的政治權力與被神化的名望實現的「經濟搶劫」！沒有毛澤東借「公有制（平均主義）」騙術之名搶劫了全中國人民的「政治權利」，鄧小平（及後任中共主席）不可能如此順利實現「經濟搶劫」，因此罪魁禍首自然是毛澤東！毛澤東、鄧小平等中共領導人，都是中國人民的「搶劫犯」，只是搶劫的「內容」不同而已。前者搶劫政治權利，後者搶劫經濟利益！

毛澤東用「許可權共合國」之名剝奪了全中國人民（含劉少奇、

周恩來、彭德懷、林彪等人）的政治權利，全中國人民的行為、言論、思想等都必須依附（順從）於毛澤東！而鄧小平則用「有限共合國」對全國人民的言論、行為等進行「條件限定」，即民眾不得質疑和否定「中共統治」！同時，限制幾億農村居民和城鎮底層居民的「按勞分配和基本生存保障」，至今未承認他們幾十年勞動的合理價值，不提供「國民同等的生活、教育、醫療、養老、居住」等基本保障！

毫無疑問，「真理與謬誤、真相與謊言、付出與收穫、站起與跪下、解放與囚禁」全被中共高層（毛澤東等人）完全顛倒了！他們一直在欺騙和欺凌中國人民，一直在遭踏和羞辱中華民族！希望全體中國民眾和全世界愛好公平正義及支持民主法治的人民認清中共的本質，中國人民不僅沒有「解放」，還始終被中共（毛澤東、鄧小平、江澤民、胡錦濤、習近平等領導）「囚禁、管控、壓榨和剝削」著！中國人民需要「真正的解放」，真正的「民主與法治」，只有依靠真實的「民主與法治」才能讓一個個具體的中國人真正「站起來」！

五、從美中學界的「慣性邏輯（思維）」辨人類是非

2019 年 5 月 30 日，中共（海外）央視主持人劉欣與美國 FOX 女主播翠西的辯論，被不少人認爲劉欣略勝。我認爲這種「略勝」並非源於劉欣個人能力，而是根基於美中兩國的「邏輯基礎」。因爲中共一直是依靠黑格爾的「詭辯邏輯」或馬列主義的「歪理邏輯」在維持政權。

我們知道，美國政府在對待國際關係事務時通常會依據嚴格的法規和法體，而中共政府卻不遵守法規和法體，習慣「隨意性」。這種「隨意性」建基於它始終依賴的所謂馬列的「辯證法」，這種所謂「辯證法」就是可以「轉換視角」，可以「迴避焦點」，可以「模糊性質」。例如翠西問，中國 IT 是否有「偷竊」？劉欣以「不只有中國會」，從而轉換了「視角」迴避了「焦點」。按照翠西的邏輯「有偷竊，則應罰」，而劉欣的邏輯是「誰都有，不可罰」。翠西非法官，無法「分案處理」，而劉欣是中共（強權）邏輯：只罰別人，無法罰我！

翠西問，中國的 GDP 已世界第二，不應仍爲「發展中國家」，劉欣以「人均低」回應。將「總量」轉換到「人均」，同樣迴避了「焦點」。翠西的邏輯是中國的許多領域已經超過或持平美國，無理由享受「優惠」，劉欣持中共的（強盜）邏輯：對外主張平均，對內張顯階級！

翠西問，華爲願意將先進技術轉讓給美國嗎？劉欣回答「雙方自願就行」。將「被迫自願」轉換成「雙方自願」，也迴避了「焦點」。翠西的邏輯是先進技術不可能「隨便轉讓」，劉欣也持中共

的（霸道）邏輯：技術需要市場，技術自願投降！

翠西曾提劉欣是代表中共的，劉欣說自己不是中共黨員，只代表自己。我們堅信，央視海外主持人等同於中共外交部發言人，言論必須與中共政策一致。不是黨員只能證明自己不信任「黨」，言詞與中共高度一致，行爲卻不願入黨的「言行不一」，只能證明她有「說謊」！能夠成爲出色的央視外媒主持人，她不可能是缺乏是非分辨能力的人！其實，劉欣在中共央視的「言行不一」是無需爭議的正常（普遍）現象，她的表現只能證明她是很強的「雙重翻譯」：中英語言和中共政策翻譯。

很明顯，二位主持人的「問答」都不是依據相同的邏輯規則，因此，這種交流（所謂辯論）是不可能得出眞理的！因爲任何事務都與「多因素」相關，中共學者（政府）已經習慣了運用不正確（不規範）的「多因素」思維反應和處理現實事務，而美國政府和民眾被嚴格的「同一性」邏輯困住了思維，通常只能嚴格的按照「規程」去理解事務（別人）。加之，中共綁架和控制了十幾億人民的權益，它可以不守法規（無法無天）。是一種可怕的「社會力量」，它不僅侵害和毒害了中國人民，讓整個國家陷入了全面的腐敗和麻木，還讓中華民族嚴重的喪失了氣節與信譽！

美國人習慣並嚴格信守的「演繹法」邏輯規則，通常只是將事務關係限定在十分嚴格的「同一性邏輯」關聯中，自然也限制了自己的思維空間。而中共一直在推行和依賴黑格爾（或馬克思）所謂的「辯證邏輯」，這種邏輯的特點是將「非同一性」的事務「關聯性」接合起來，從而可以讓思維的空間更加開闊。從劉欣的上述回答（實際是中共「一致」答案），可以看出依據現有西方（單因素）邏輯規則是很難證明她的回答是無理的。雖然瞭解「眞相」的人（學者）都明白其中有「是非」，但卻無法爭回「法理」！

我個人認爲，美國政府和人民要想找到自己的「法理」，必須學會「多因素邏輯」思維。中共所依賴的所謂馬列「辯證邏輯」，雖然屬於「多因素邏輯」，但存在嚴重的「片面性和不規範性」。所謂「片面性」就是只有「辯證（矛盾）」缺乏「系統（完整）」，而「不規範性」則是沒有「邏輯規律」去規範它的錯誤，因而可以讓它「任意發揮」。歷史上，在「演繹法」沒有產生「同一律、矛盾律、排中律、充足理由律」之前，也是可以隨意「狡辯」的，也是常常難以得出眞理的，也是以所謂「辯證法」出現或盛行的！

我們知道，中共的許多學者，如張維爲、宋魯鄭、金燦榮、司馬南等等，他們都是非常善於運用馬列「詭辯法」的高手。他們通常都是採用「迴避焦點、轉移視線、模糊特性」等手法，爲中共實現「迴避罪惡、抵消錯誤、掩蓋犯罪」，實現持續蒙蔽中國和世界人民，達到繼續控制中國政權的目的！然而，非常可悲的是海外民運學術界和一些海外媒體，雖然也在「反共」，卻採用了配合對方的「繞圈邏輯」（甲擊東，乙出西，甲擊西，乙出東）。我認爲，唯有採用「全方位」的「多因素邏輯」原理與規則，才能避免配合對方持續危害中國人民、中華民族和世界人民！

毫無疑問，美國學界依靠的邏輯存在「落後性」，而中共所依賴的邏輯雖包含「超越性」，但存在嚴重「錯誤或狡辯」。然而，因其「綁架」（霸佔）了十幾億中國人的權益，它可以任意「左右」法律、道德、邏輯，故此可以「肆意橫行」！美中兩國依靠不同的「邏輯規則」，只能產生：各說各話、各自爲政、名行其道，是非難辨！也自然在文明標準、社會價值、政治制度上都會發生分歧。如果不能建立相同的「邏輯規則」（正確理論），這些分歧或衝突必然會持續！

如今，美中貿易戰是兩國關係的重要話題，許多事件都圍繞它展開，翠西與劉欣的對話也不例外。對於美中貿易糾紛的原因我前期已有過專門文章分析。我認爲中國人民對此應該有兩點感謝和兩點期待：一是感謝美國政府和人民在最近三十多年的經濟發展中給予了巨大幫助；二是感謝川普政府開展的美中貿易戰有利於制止中共政府的違規和違法行爲。一是期待美國政府和人民能夠找到自己錯誤支援中共的根源；二是期待美國政府和人民能夠幫助中國人民建立健全的法治社會。唯此，才有希望改掉中國社會的「全民腐敗」：無理無法、缺誠少信、缺德少良！

另外，曾經在萬維網無意間遇上名爲劉學偉的歷史學博士（中國社科院世界政治研究中心特邀研究員）在萬維設擂（「在這裡評論時事和研究政治制度」），隨手在劉學偉〈以技術換市場」，華爲可否進美國？〉（http://blog.creaders.net/u/5368/201905/350054.html）一文下回了一貼：技術換市場，可以在一定程度「成立」，但不能有「專制政體」的參與！美國打擊華爲也許含有一定意義壓制中國科技的「私意」，但作爲中國人我支持！因爲華爲的「盛衰」是與中共專制政權「強弱」捆綁的，它的強大必定強化對我等上十億普通中國民眾的自由管控！無疑的，這位劉博士應該也是習慣於「詭辯邏輯」的吧？

六、「改革開放」不只是雙向的更應該是立體化的

三十年前，在美國政府的大力支持與配合下中共政府開啓了所謂的「改革開放」。三十年後的今天，也是在美國政府的積極配合下中共政府啓動了「關閉改革開放」。雖然中共政府與美國政府都在試圖「挽留改革開放」，但核心價值的根本衝突卻難以更改既定方向！

中共現任主席習近平最近喊出美國和西方國家應該繼續向中國開放，聲稱「單邊主義不得人心！」其實，習主席這種口號式的主張不只是在戲弄美國和西方國家，也是在充分體現自己的流氓特性：持續愚弄中國人民。因爲三十年前美國政府願意支持和幫助中共政府實行改革開放，是希望通過經濟發展去促進中國的政治文明。然而，三十年來的實踐證明中共政府始終不願開放「政治文明」，將政治極權始終牢牢的「箝制」在自己手裡。不僅持續控制著中國民眾的民主和自由權利，也在長期限制著美國和西方國家在中國的各種合理的政治與經濟活動！如果繼續保持原有的「開放模式」，中共政府不僅會保持全球最富有的政府，也是全世界最有權威的政府！因爲它不僅能夠隨意汲取中國和世界人民的財富，還能夠輕易操控中國人民和國際社會的政治動向！如此下去，一個隨意左右（征服或侵犯）世界文明秩序的「中共極權」，將會讓世界無法撼動！

可喜的是，美國和西方國家少數的精英人士預先領悟到了這一可怕的進程和結局。他們的呼籲和努力讓美國和西方國家產生了警覺。從美中貿易戰開始到香港被中共政府的全面掌控及病毒肆虐全球，足以證明中共政府不僅會是頑固的極權政體，更是不計後果的

恐怖政體。如果不能及時有效的阻止它的「改革模式」，它要帶給人類社會的災難絕不會僅限於中華民族而是整個世界！

中國需要改革開放，但它不僅應該是「雙向的」，更應該是：立體或全方位的！所謂「雙向的」自然是中國和西方國家相互融入對方，但這種「相互融入」必須是公平與進步（善意）的。中共政府始終不願開放「政治公平」只許經濟領域相互融合，勢必造成對西方國家的政治霸凌！這種不對稱的開放模式毫無疑問是在違背「公平與進步」，是在嚴重損毀人類文明的基本價值！也是在嘲笑西方國家的認知能力，不僅是在嚴重阻礙人類文明的進步也是在愚弄世界人民的智商！

中國需要改革開放，但絕對不是只許經濟領域的改革開放！沒有政治領域的改革開放「政治霸凌必然延伸到經濟霸凌」，將中國社會建立在「霸道模式」下的改革開放怎能體現出人類文明的進步？毫無公平公正價值的開放模式，除了讓中共權貴獲得巨大利益能夠給中國和世界人民帶來公平與正義嗎？中國人民不只需要經濟領域的改革開放更加需要政治領域的改革開放！只有迫使中共政府實行了政治領域的改革開放，或者說只有在中華大地實現了眞正的民主、自由與公平法治，才會出現經濟領域的公平合理與合法競爭！才是眞正實現造福中華民族和世界和平的正確模式！

七、不認同「習近平不信仰共產主義」的觀點

在《北京之春》見到張傑先生談〈習近平眞的信仰共產主義嗎?〉，文中對習近平「信仰共產主義」持否定態度。理由是共產主義的創始人馬克思「是言論自由和普選制度的堅定支持者」，我認爲這是把「信仰共產主義和信仰馬克思言論」形成了混淆。因爲，實踐（實驗）意義上的「共產主義」只能是：政治極（集）權！

首先，馬克思是共產主義（空想或斷面）理論的創始人（或之一），但他不是實現（實踐或實驗）共產主義的創始人！由於馬克思主義理論體系本身存在「自相矛盾和模糊不清」的邏輯內容，因此，在實踐中需要根據「實際操作性」（修改理論原理）去推行。毫無疑問，共產主義的核心價值是「經濟共產」，而言論自由和普選制度會產生「政治分化」。由於依賴言論自由和普選制度很難形成「實行經濟共產」的統一認知價值，而依靠「極權政治」（暴力革命）強行推動的「經濟共產」才能在實踐中形成（出現）。

我們應該知道，社會經濟來源於不同的自然資源和不同的人力資源。人類社會要讓源於不同階級的自然資源和不同階級的人力資源產生的社會經濟（或財富）成爲平等分配（經濟共用）的「自願行爲」，絕對不可能，因爲它不符合「普遍人性」。人類社會只能在有限的時空範圍「接受財富平均」的價值取向，不可能形成「普遍現象」（統一行爲）。因此，所有實際推行「共產制度」的實踐（實施）者都會（或只能）成爲「專制者」！爲此，否認「習近平信仰共產主義」是沒有明白習近平只是「共產主義實踐」的實施者，而非「共產主義理論」（馬克思思想）的信守者。因爲，任何以「理想共產主義理論」去推動的社會實踐都不會成功，只有依靠「極權

政治」（暴力政治）去推動的社會實踐才能出現「成效」！

然而，我們也需要明白，通過「極權政治」推行的「共產經濟」也無法實現：平等分配（或利益平等），因爲它不適合「普遍人性」！實踐證明，它會出現兩種不利後果，一是抑制生產力（壓制「生產精英」的積極性）；二是利益權貴化（促進「共產權貴階級」形成）。即所有在現實實踐中推行的「共產（社會）主義」都只能以「維護政治極權」的方式出現。爲此，「習近平信仰共產主義」只是信仰現實實踐意義上的「共產主義」，而不可能是「共產主義理論意義」上的純粹維護者！如果不能明白「理論與實踐」會出現明顯（必然）差異，就很難區分現實生活中的諸多分歧。

理論上的「馬克思共產主義」是美好的，由於它沒有產生在「系統與辯證」的邏輯原理上，缺乏全面的系統和協調性論證，因而在實踐中需要「結合實際情況」去「創新理論」，這便產生了「列寧主義和毛澤東思想」等。不能理性的分析「理論與實踐」的差別，便無法分清「共產主義」危害世界的根源（原因）。長期以來，西方民主國家依然受困於「理論與實踐」的眞僞難辨，至今（始終）沒能從根本上消除「馬列共產主義」的影響、騷擾和危害！

一直以來，時常有學者樂意去論證：「馬克思主義是好的，只是被獨裁者曲解了。」這種觀點類似於有些支持中共的人，始終認爲：「中共中央政府是好的，只是下級官員做了壞事。」實踐中的「共產主義」維護者，只能體現爲「共產平等（所謂社會主義）口號包裝下的共產集（極）權政治」的實際維護者！因此，同史達林、毛澤東等人一樣，習近平是名副其實（實踐意義上）的「共產主義信徒（共產極權者）」！唯有這樣明確，才能讓中國和世界人民眞正認清「共產主義」的兩面性和危害性！如果始終（仍然）把「馬克思共產主義理論」解讀成（或找出隻言片語來證明）它是「美好的」，脫離現實實踐上的「虛假與危害」（差異性），不僅難以推動中華民族的文明進步，也會持續攪擾西方民主社會的價值判斷！

理論上的「馬克思共產社會主義」缺乏系統性綜合協調價值標準（論證），無法在現實實踐中產生「理想結果」。主要根源是它依據的邏輯原理（黑格爾辯證法）是極不成熟甚至錯誤的！另外，研究和建設「科學社會學」的核心基礎之一是必須「讀懂人性」，而馬克思主義始終沒有找到。因此，「馬克思共產社會主義」不僅無法幫助人類創建美好生活和促進人類文明，反而還會成爲攪亂（破壞）人類社會秩序和阻礙人類文明進步的幫兇！

我們見到，長期支援「馬克思主義（思想）」觀點的不是個別現象，日前在推特上見到帳號「DW 中文・德國之聲」發推：「卡爾・馬克思雖然生活在 19 世紀，但思想遠遠超越他的時代。他的不少學說放到今天也不過時。我們爲您整理了馬克思『超前』於時代的五個理念。」

對此推文，我發表了以下觀點：

馬克思思想的現實意義是可以繼續攪亂世界！因爲他的思想自相矛盾無法形成實踐中的系統性協調價值標準！

八、中國模式，將人類帶入深淵

我們知道，人類現行的科學邏輯方法主要有「演繹法和歸納法」。這兩種方法都屬於「單因邏輯」，也就是只反映被認知事物的「唯一屬性」。如「所有活人都有心臟，某人活著必須有心臟」（演繹法）。又如「老人在睡覺、成人在睡覺、兒童在睡覺，全家人都在睡覺」（歸納法）。這兩種邏輯都只是反應了事物的「單一」屬性（或狀態）。

然而，當我們要生產或處理一件具體事物時，通常需要依靠（運用）「多項」方法或條件才能完成。例如，生產服裝，需要「布料、工具、技術」。做飯，需要「米、水、鍋、熱源、技術」。生產汽車、電腦、手機、船舶、航空器等等，沒有一種是不需要「多項條件」的。同樣，設計和處理社會事務，也離不開依據「多項」措施或條件，否則難免出錯或失敗。

生產或設計一種物品需要「多項」條件，設計和處理社會事務也是相同的。我們知道，現實中，任何國家都會以「政治、經濟、文化、軍事、外交」來體現自己的存在。這等於說，構成一個完整的國家，必須具備「政治、經濟、文化、軍事、外交」五大基本特性（功能）。即使省去主要應對「外部」關係的「軍事和外交」，任何人類社會管理體制都至少具備「政治、經濟、文化」特性。然而，我們看到，馬克思（主義）提出（定義和設計）的所謂人類社會制度，沒有一個是依據這樣的科學（邏輯）標準去衡量的。他定義的「奴隸、封建」社會是政治性質的，「資本、共產」社會是經濟性質的，而「原始社會與社會主義」社會則是綜合（模糊）性質的。

由於馬克思（主義）的社會學理論在邏輯上依據所謂「唯物辯證法」（「對立統一規律」），只是在「單因」上加入了「變化（取捨運動）」，它依然沒有跳出「單因」範疇，同樣是以「片面」的形式（性質）在反映事物。由於它是以「改變（革命運動）」社會制度的目的（性質）出現，其先天的「殘缺和片面性」便爲實際的執行者（共產黨），賦予了充分的「投機性」！譬如，它推崇的「共產制度」因缺乏相應的「文化」（符合人性文明）制度說明，導致貧困與腐敗。又因缺乏「政治」（法治民主）制度的匹配，卻被「極權制度」利用。而它力主消滅的「資本（私有）」制度，卻因爲貼近「人性文化」而不致貧窮，且因其「政治制度」採用了「分權與民主」形式顯得更加符合人類文明（科學）！

另外，由於馬克思主義提出的所謂「社會主義」具有綜合（抽象模糊）性質，並設定爲「過渡期」，因而在現實實踐中，被「共產極權制度」賦於了各種「投機利益」！即利用「綜合加過渡」，可以「左右逢源」，無論怎樣解釋都能成爲「合理」！如中共，可以將其解釋爲「初期、新時期、中國特色社會主義」等等。另外，它的黨章可以無限延長：「馬克思列寧主義、毛澤東思想、鄧小平理論、江澤民三個代表、胡錦濤科學發展觀、習近平新時代社會主義……」。

很明顯，馬克思主義的社會學理論，不僅缺乏嚴謹的科學性，還是嚴重攪亂人類社會文明秩序的重要禍源！但是，要讓人類完全放棄這套侵害人類超過百年的理論體系，卻不是那麼容易的事。因爲它必須依靠一套全新的「邏輯學」工具才能將它徹底推翻，這個邏輯工具便是「多因邏輯學」。中國是將馬克思主義「發展」到了極致的國家，它體現了兩個極端。一個是曾經推行的全面公有化產生出「極度貧困」，另一個是推行「彈性公有化」出現了社會的「全面腐敗（權貴富裕）」。由於馬克思主義是殘缺的社會學理論，它的「公有制」經濟是需要「極權政治」去匹配的。由於人性存在相對「私欲性」，因而在全面公有制下會「出現貧困」，而在彈性公有制下則會「泛生腐敗」。毫無疑問，中國的「富裕」是因爲接入了全球經濟（WTO），各種先進技術和產品的交融，使之實現了快速發展。然而，它所隱藏的「權貴腐敗與各種欺詐經濟」卻被人們忽略（或被利益集團故意掩蓋），這種忽略（或掩蓋）將是致命的！因爲它不僅在整個中華大地漫延，也通過 WTO 滲透進了所有先進（法治）文明國家的政治、經濟及文化領域。更可怕的是，它的利益慣性還延伸出所謂「一帶一路、2025 計畫」等，這些計畫或措施無一不捆綁著「權貴腐敗與各類欺詐」！

如果說中國的「腐敗經濟」已經將整個世界帶入了「泥潭」，那中共權貴所控制的「巨大市場」（十多億人質），將能夠迫使世界任何國家的政府、公司、企業、個人，無力抗拒其「經濟挾迫」！可悲的是，世界各國都有不少社會學學者在公開「表揚」所謂：中國模式！這是一件多麼可怕的事，這會使整個人類在「中共權貴」的要脅下，全面接受「腐敗和欺詐」！中國模式，究竟是人類嚮往的明天，還是可怕的深淵？！

破解「中國模式」，必須依靠「多因素邏輯」！如果說馬克思主義的所謂「辯證法邏輯」超出了「演繹法與歸納法」的解讀（規範）範疇，那它所提出的「共產社會」學說自然無法被現行「西方文化」推翻（證僞）！我們看到，美國等先進的西方社會，對於自身的基本價值觀：民主、自由、人權、法治、宗教等，至今沒有作出「系統與辯證」邏輯關係的科學解釋。以至於造成後起的「民主國家」，難以順利實現「民主變革」，譬如依拉克、阿拉伯、俄羅斯等。依據「多因素邏輯」原理分解，所謂「中國模式」是以犧牲中國廣大民眾的「自由與公正」（政治）利益去實現的。同時，它還包含著嚴重依賴「權貴腐敗、資源掠奪」等惡劣經濟性質去支撐！

另外，它還會依靠「流氓、詭辯、強詞」文化行爲去維護！最直觀與現實的比較，可以從中美兩國在國慶閱兵、政府高官與低層公民（民眾）在基本「養老、醫療、教育」等政策上的差別，得出明確結論！

「單因邏輯」（抽象單一）將中國模式解釋爲「共產極權」（國家壟斷）經濟的成功，而「多因邏輯」則會縱橫解析。橫向，主要是進行「正負效應」理解，其「正面」（現象）性是所謂：「持續和穩定」。而它的「負面」性可分爲對內和對外，對內主要體現爲剝奪「公正與自由」，對外則主要體現爲「霸道與欺詐」。香港政局的破壞，便是「中國模式」（共產極權政治）侵蝕香港民眾的「自由與公正」所致！而美中貿易糾紛，則是源於「中國模式」（國家壟斷經濟）欺凌（欺詐、霸凌）美國私營經濟發展的結果！中國模式的縱向「邏輯」關係是：前期實現了「國家壟斷」（毛極權讓中共站起來），中期加入了世貿組織（鄧開放讓中共富起來），後期實現全面擴張（習擴張試圖讓中共強起來，推廣「中國模式」，侵蝕香港和霸凌世界！）

香港的亂局，無疑是北京權貴政府推動「引逃條例」引起！又因「暴力阻止」民眾遊行轉化爲「追責戰役」，隨後，北京權貴政府又將「追責戰」升級爲了「群眾鬥」。毫無疑問，「群眾鬥」已經撕裂了香港，同時，也在撕裂整個中華民族和世界文明！香港抗爭民眾，爲捍衛「自由與公正」的權益是正義之舉，也是永恆的！一些反對所謂「港獨、暴徒」的普通民眾，要麼只是著眼於當下利益，要麼是在幫助惡人（共產權貴）維護利益。前者，是短視的，可憐的！後者，是愚蠢的，可悲的！如果反對所謂「暴徒、港獨」的普通民眾不蘇醒（持續被利用），香港、中華民族及文明世界只能繼續被撕裂和攪亂！

毫無疑問，唯有依靠「多因素邏輯」方能科學的解讀和引領世界！中國模式，不僅不會引領世界彰顯正義，還會阻止落後文明的改進，甚至會破壞和攪亂先進的世界文明社會秩序！它通過綁架和控制「十多億人質」，利用十多億的「市場和民意」，一直在要脅、威脅和力圖操控世界秩序！中國（中共）政府宣稱的所謂「永遠不稱霸」，只因尚不具備稱霸的條件（只能「韜光養晦」）。一旦「利益雪球」逐步滾大，「極權推動（捆綁）的民族主義」必定催生：民族強國！而這種「民族主義捆綁極權」造就的強國必定促成：稱霸世界或霸凌世界！依靠「極權與腐敗」統治的世界，便是「中國模式」擴展下去的必由之路（發展結果），誰能證明它不是在帶給人類社會秩序的悲劇與災難？！

九、與美國總統商榷毛澤東評價

在中國大陸民眾社交媒體上時常會冒出美國總統「稱讚毛澤東」的資訊，這些消息在互聯網上確實能查到，這裡也簡單報告。

1.艾森豪：「毛澤東是一個極難對付的人物，恐嚇、威脅對他沒有用。」

2.甘迺迪：甘迺迪把毛澤東思想概括成兩句話：「調查不夠不決策，條件不備不行動。」

3.尼克森：「曾流淚讚揚毛主席高瞻遠矚。」「毛主席就是充滿思想活力的偉人。」

4.福特：「毛主席是中國現代史上的一位巨人，他對歷史的影響將遠遠超出中國的國界。」

5.卡特：一生之中最佩服的人就是毛澤東。他在中美座談會開場白中說：「9 月 9 日是毛澤東逝世 34 周年的日子，這位從湖南走出來的智者改變了中國，也改變了全世界。」

6.克林頓：「毛澤東無愧於世界級領袖，毛澤東熱在中國內部乃至國外不降反升的現象，更令人不可思議，美國人應當研究他的思想精髓。」克林頓寫道：「毛澤東說『若想瞭解梨子眞滋味，就必須親口嘗嘗』，這句話眞讓我欣賞。」

7.小布希：「毛澤東是中華人民共和國的主要締造者，他在中國人民心中的位置是無法取代的。」他在耶魯大學研討會向眾人發問：「大家知道世界上哪本書發行量最大?看的人最多? 」眾人摸不著頭腦，片刻寧靜後布希從筆記本下抽出《毛澤東選集》向眾人展示說：「就是這本書——《毛澤東選集》！這本書是我父親當年從中國帶回來的，已經收藏了幾十年。」

小布希繼續說：「每個民族都有自己的英雄和偉人，一個沒有英雄和偉人的民族是悲哀的民族！我們美國的青年不僅要知道華盛頓和林肯，也應該知道毛澤東。我的父親曾經跟我說，中國青年對於我們的華盛頓和林肯都非常瞭解，甚至超過我們的青年，英雄和偉人是沒有國界的。」

8.奧巴馬：是毛主席的粉絲。奧巴馬執政百天演說引用毛澤東的話，稱「只是萬里長征才走了第一步」，並在白宮的聖誕樹上掛出毛主席像。奧巴馬高度讚揚毛澤東的內政外交：「什麼是外交？外交就是內政，這兩者絕不是兩碼事，不是。也就是說，一個國家，國民要使自己成爲國家的主人，這種願望是民主主義的根本。在這同時，大政方針，天下興亡，匹夫有責。」

（以上各位美國總統對毛澤東的理解和表達均源引自互聯網。）

由於「毛澤東評價」涉及中國和世界和平（民主政治）能否順利推進的問題，鑒於上述美國總統們對毛澤東的評述，如果都是屬實的，我也來談點個人觀點。我個人認爲，毛澤東算是「能人」但不能算「偉人」！「能人」只能讓人羡慕，而「偉人」則讓人尊敬！毛澤東無論是對中國人民還是美國人民及世界人民都是不應該受到尊敬的人！很明顯，在上述總統們的評價中有表示「羨慕」的，也有體現「尊敬」的。是前者可以理解，但若是後者卻不可接受！尤其是小布希總統對《毛選》的推崇最讓人不可思議，因爲《毛選》是禁錮中國人民思想的「枷鎖」，是毛澤東創建和維持中共專制政權的「工具」。作爲美國總統（政治領袖）不對其加以批判，只是簡單的表示「認可」（推崇），對美國自身「政體」是否會誤爲「借鑒含義」？而對中共專制政府則是否產生著支持其堅定維持的「默許」作用？

追尋歷史，在以武力對抗美國政府、人民和價值觀中，從北韓戰爭到今日朝核、從北越戰爭到美越戰爭、無不嵌有「毛澤東」的影子。而這些戰爭不僅讓數十萬中國、朝韓和越南的無辜生命喪生，也有數萬美國官兵生命消失。難道美國人民不應該爲此保存「追訴」？反而可以接受自己的領袖（總統）們去「稱頌」他嗎？

自 1949 年開始，毛澤東在中國國內對全體國民實行「行爲（行動）、言論和思想自由」的嚴格控制，這與美國人民的基本價值觀格格不入！他還不斷的發動所謂「革命運動」攪亂中國社會和製造貧困（造成數千萬人死亡），並肆意製造「原子彈」威脅美國和世界人民（此行爲對金正恩無疑有「導師」作用），他甚至長期詆毀美國社會和政府，讓中國人民「敵視」美國政府及其政治制度，等等。試問，這些都是可以被美國的精英領袖推爲「偉人」的標準？

毛澤東具有獨特的思想家能力，具有堅定頑強的鬥爭精神，也具備較強的社會組織運作能力，甚至還是較優秀的詩人，這些只能算作「能人」！但他極強的「專制意識」和爲達目的不擇手段、不惜犧牲一切「社會代價」維護個人利益的作爲，美國人民允許其推入「偉人」行列？敢問，它符合美國人民的價值觀？！

毛澤東去世後，中共一直（至今）把他奉爲維持「專制政體」的護身符，而這個「專制政體」不僅堅持限制中國民眾的「基本人權」（政治權利），還借「公有制」之名肆意剝奪低層民眾的經濟利益，美國的政治領袖們可以「視而不見」？如果美國的政治領袖認同毛澤東是「偉人」，那無疑認同他不擇手段創建的「專制政體」可以被美國人民接受？既如此，美國政府和人民就不應當支持和保護中共專制的「敵人」——中國的民運（政治異議）、宗教人士及法輪功學員等！

美國總統是人，毛澤東也是人，是人，都會有缺點，也會有認知局限，甚至可能還有私欲。在上述美國政治領袖們的認知觀念中毛澤東是「成功者」，創建了一個「新型專制帝國」，但領袖們只能見到數億中國人「敬毛現象」，卻不明白其「成功（罪惡）」的原因，因為在建全的民主制國家不提供「嘗試」（犯罪）機會，學術界也未提供「專制成功」的解讀範本，而上述政治精英們對其持有「神秘感」豈不正常？

「能人與偉人」是邏輯問題，也是是非（敵友）問題！人類最大的民主制國家的精英們都不易分清，是否也可佐證「中共專制」為何難以「撼動」的一定因素吧？作為一名理論思維者，我想請問，哪位政治領袖能夠堅定地站出來力挺毛澤東為「偉人」？那這位領袖應當告訴我，他自己願意在「專制社會」成為：專制獨裁者、奴性投機者、還是愚昧順從者？因為中國（或者世界）人民十分需要「這份答案」，它涉及到中國人民（及同類國民）是否應該享有「民主政治」的權利與必要！也有利於促進人類民主（文明）社會的進步與建設！

對美國而言，當今世界至少存有兩大「敵手」（敵人）：習近平與金正恩！他們之所以敢與美國「叫勁」，其中難免包含以毛澤東為「榜樣」。他們企圖通過「戰勝」（超越）美國總統來成為「偉人」，至於犧牲本國人民和世界（包括美國）人民的任何重大利益盡可無視！

我自信有資格成為習近平主席的「教師爺」：教育他如何改變中國，造福中國人民和世界人民！因為我盼望世界和平：能自由出入世界各國和自主發表維護人類正義的言論，以及享有生命、財產、生活等安全保障！我也希望有專家學者能對我發表的所有文章進行批評和指正！

十、中國農民，是最愚昧的人群

中國共產黨管理（統治）中國社會已經超過七十年，曾經宣稱（承諾）建立「沒有社會階級（剝削）的平等社會」，不僅毫無希望，還在明目張膽的限制（阻止）「平等社會」的推進。換言之，中國共產黨如果不退出對中國社會政治的管制權利（權力），中國數億農民始終會生存在社會最底層！

毛澤東採用虛假欺騙的「爲人民服務」口號，在中國建築了牢固的「共產階級」帝國。因爲在毛澤東統治下，中國農民始終在追求（嚮往）：變成「城市居民」！直至毛澤東辭世，中國農民的社會待遇始終低於城鎮居民。然而可笑的是，他們大多數人卻是最崇拜和最擁護毛澤東執政的，豈非愚昧至極？！

鄧小平宣稱「讓一部分人先富起來」，定制了中國農民只能成爲「最後富起來或最不應該富起來」的人群。因爲「先富起來」的人（或人群），只能是「掌握資產」的人，鄧小平讓共產權貴們掌握著資產，富起來的只能是「共產權貴」！而農民的資產，可以被隨意剝奪（被共產），據此，豈能富裕？！

爲什麼，中國農民始終會成爲社會階級最低的人群？一方面是因爲「共產制度會抑制社會生產活力」，助長懶惰和增加浪費（腐敗）。另一方面是「共產制度需要維護極（集）權統治」，而維護極（集）權政治是需要巨大的「利益投入（或利益傾斜）」。在社會財富生產偏低的條件下，需要運用大量的社會利益去維持「專制政權」（權貴利益的優勢地位），中國農民豈能提升社會地位？！

被共產領袖們竭力批評的「私有制社會」，依靠「民主自由和司法公正（獨立）」能夠充分發揮社會生產活力，也能利於抑制懶惰和腐敗浪費。另一方面，它不需要依靠保障「權貴階層的特殊待遇和國際關係的利益收買」來維持政權。社會財富增多、抑制權貴利益、減少國際利益收買（所謂「大撒幣」）等，是西方民主和私有制社會能夠提高農民群體社會利益（地位）的保障條件。據此，美國和西方國家能夠眞實有效地提高廣大農民的社會利益（地位），能夠實現與城市居民社會階層利益的相互平等！

然而，可悲的是，被愚弄了的數億中國農民，不僅始終無法實現社會地位（利益）的提高，卻在積極參與維護「強烈支持共產專制制度」。請問，他們不是當今世界最愚昧的人群嗎？是誰讓他們成爲了最愚昧的人？與馬克思、毛澤東、鄧小平、江澤民等「共產領袖」們明目張膽地對他們實施欺騙沒有關係嗎？如何才能讓他們醒來？不徹底廢除馬列主義、毛澤東思想、鄧小平理論、三個代表、科學發展觀、習近平治國理政等政綱對中國民眾的毒害，中國農民豈能醒來？豈能實現在醫療、教育、養老、就業等基本生存與生活條件的提升？！

十一、試論「愛國者」的迷思與覺醒

「六四事件及香港反送中」之後，中國再次掀起了反抗中共政府的民主運動。以「習近平下臺，共產黨下臺」爲號召（訴求）的白紙運動，成爲近期波及全球的核心標誌。極端嚴重的疫情封控，是逼迫民眾衝出牢籠反抗習近平與中共的主要原因。梳理是非曲直，需要定義出局勢去向。

六四事件沒有以「共產黨下臺」爲主訴，香港抗爭也只是以「反送中」爲主訴。近期的「白紙運動」卻舉出了：共產共下臺、（領袖）習近平下臺！表明了六四事件的暴發只是傷及到了一些民眾「經濟（經商）公平」的價值取向，而香港抗爭也只是觸及到許多香港人對「政治自由」的嚴重擔憂。然而，此次的白紙革命，則是因爲傷害到了絕大多數中國民眾的生活與生存自由（品質）！爲此，只有徹底改變了「中共執政、領袖執政」，才能充分體現出尊重普羅大眾的生活與生存權利！

「不自由，毋寧死！」雖然產生於二百多年前的美國，但它對今日的中國卻飽含著極高的文化價值！美國因爲有了它的彰顯，建立起了充分保障民生自由的民主制度。中國於 20 世紀初引進了主導「民主政治和共產經濟」兩種社會制度的價值取向，最終以「共產經濟」主導的政治方式佔領了中國。「共產經濟」既不可能產生出先進繁榮的社會經濟，還會無情的剝奪廣大民眾的各種人生自由。也就是會強烈的排斥「民主政治」，是名副其實的：新型王權階級社會制度！

以「共產經濟」名義剝奪廣大民眾的經濟自主權利，用虛假的「民主政治」剝奪廣大民眾的政治權利，是中共和毛領袖（等）得以成功統治（控制）中國民眾的主要工具和手段！被「虛幻的共產經濟優越」忽悠的中國民眾，習慣了逆來順受的政治主導。毛領袖主導的「經濟災害與文革災難」喚醒了一些人的良知，但鄧領袖主導的經濟改革卻維持了「共產權貴的核心利益」。六四運動未能撼動「共產權貴」的統治地位，在美國和西方國家政府的配合下發展成了威脅民主世界的重要力量。美國和西方社會（政府）的蘇醒，用「貿易戰」的方式掀開了阻止中共壯大的序幕。如果說中共習政府對香港政治的全面控制，讓世界認清了中國的「共產制度與民主政治」勢不兩立，那中共習政府對中國民眾實施三年多的疫情封控，則讓數億中國民眾真切地體驗了「共產專制」的野蠻與落後！

年輕人是感受最深的群體，個體的抗爭引燃了學生的群體回應。白紙運動足以證明「共產黨和習領袖」是剝奪中國億萬民眾各種自由和生活（生存）保障的主要禍根。強烈的喊出「共產黨下臺、習近平下臺」，足以證明此次社會運動的核心價值！共產黨及其領袖不徹底退出歷史舞臺，中國民眾被隨意剝奪或限制人生自由的事件不會停止！

「不自由，毋寧死！」不是個別的心聲，而是全體中國民眾的共同需要（福祉）！雖然尚有一些民眾未能認清它的重要意義，那是被愚昧的意識蒙住了雙眼和迷惑了頭腦！自由，是現代人重要的基本權利，「共產專制和大一統價值」都會借題（藉口）來剝奪它們！個體民主、地區民主、民族民主是民主政治的基本成分，只有各種基本民主都體現了自己的利益保障（訴求），才能充分彰顯民主政治的合理價值！基礎理論上的明確，乃是迫使「中共及其領袖下臺」的重要支持！民主政治制度，是保障民眾各種自由和基本生存條件的重要基石！普通民眾（百姓）的各項生活品質一定會全面提升，但是，接受過渡時期的煎熬是難以避免的陣疼階段！

「境外勢力干涉中國內政」是中國走向民主政治的必要條件之

一！六四事件、香港反送中都因為「缺乏境外勢力的支持」，導致中國的民主運動走向失敗！中共借助：共產制度剝奪和控制了中國民眾的生活與生存權利，強力的「極權政治」迫使中國民眾必須成為順民，虛假的政治文化讓億萬民眾難辨眞偽！如此全方位的社會控制能力（條件），豈是中國民眾能夠自行脫掉的枷鎖？！

首先，需要在國際理論界徹底否定「馬列主義和共產理論」的合理性！並且，通過各種國際組織強迫中國（中共）政府接受全面的「民主政治改革」，乃是中國走向民主政治的重要條件！徹底改變中國的「共產專制」，是影響和推進世界文明秩序的重要因素！因為，各種破壞、威脅和干擾現實世界文明秩序的主要原因，無不與中國的專制政治存在關聯性！

十二、「政治後遺症」會讓中國人被「歧視」

時常會有一些中國人用「種族歧視」來看待中國人，主要依據是他們「不願關心（參與）政治」。我認爲，這種認知存在嚴重偏差（表象化認知）。因爲中國人不關心政治的原因是基於「政治（權力或利益）被剝奪及政治後遺症」，不應該理解爲「種族缺陷」！

中國人長期（上千年）生活在「極權政治」管制之下，而極權政治是不允許普通民眾享受「參政議政」的權利。等於被長期剝奪了政治權利（管理社會利益的權力），也就會「習以爲常」或形成慣性。十九世紀末與二十世紀初，受西方世界「民主政治潮流」影響，中國也試圖引進「民主政治」。

但受到中國濃厚的「大一統價值」與虛假的「馬列共產價值」誤導，導致中國人至今仍然（被迫）「選擇」生存在「極權統治」之下。其實質是，「共產專制」比「封建專制」更加邪惡和落後。因爲後者通常只是從精神層面去主導普通百姓的社會行爲，而前者不僅有精神層面的控制還有物質（生活和生存）條件的控制。是不折不扣的新型「升級版奴隸社會」！

它能夠任意操控（主宰）社會大眾的各種利益與關係，譬如強力推行罪惡的所謂「清零政策」（乃嚴重的犯罪行爲）。它通過控制政府權力的產生、主導思想意識的傳播、操控司法行爲的起伏、控制民眾的物質生產與分配、利用（煽動）民間親友關係的仇恨。如此等等惡劣的「政治手段」，可以讓所有社會成員無力抗拒「專制統治」。

然而，對於這些具體的全面控制民眾的「高壓手段」，西方社會卻未實現廣泛而深刻認知！通常只是針對少數個別案例，用所謂

「違反人權」的抽象名詞進行簡單化理解。不是從根基和體系上實現系統性認知，豈能徹底明白「共產專制」危害人類（或難以改變）的根源？共產專制，就是利用操控各種「利益手段」培養順民。在它的強權管控之下，不做「順民」，便會被剝奪或限制各種「社會利益（或權利）」！

近兩三年，在美國眞實的體會到，許多生活在美國的中國人不僅不願關心（卻順從）中國的政治管理，也不願參加美國的政治管理（如選舉投票）。如果說前者是因爲擔心自己在中國的利益會受到嚴重影響（傷害），那後者則可以理解爲「政治後遺症」。因爲習慣了被別人（政府或政治官員）操控一切的「順民」，即使來到允許（或要求）自己可以大膽參與社會利益管理的國家，也不相信自己可以「主導正義和爭取利益」。可以理解，長期生活在「逆來順受」的社會氛圍中，已經習慣了被別人（強大的政治力量）左右的人群，豈能輕易（自覺）轉變？

有不少中國人希望「中國強大」，讓中國人在世界各地「不被歧視」。如果始終只願背靠一個「強大的專制政府（國家）」，永遠不可能被先進的文明世界所尊重！因爲「專制政權」不僅會霸凌文明世界，還會造成大量的政治和經濟難民。同時，也會讓這些政治和經濟難民不能積極參與民主社會的文明建設。眞正能夠獲得西方先進文明社會尊重的條件，只能是背靠一個充分體現「先進文明的政府」。那什麼是「先進文明的政府」？就是會儘量主導推進「平等（民主）社會價值」，而非盡力在維持「階級（極權）社會價值」（所謂「弱肉強食或成王敗寇」理念）！

任何「極權國家」都會盡力維持「階級社會價值」（強權政治），習慣了這種社會狀態的人，進入「平等社會」後自然會陷入「價值糾結」。因爲，自己必定會變成兩種價值衝突的「橋樑」。平等價值要求（規定）普通公民積極參與社會利益的全面管理，而階級價值則限制（剝奪）普通公民積極參與社會利益的全面管理。爲此，習慣了「階級價值」的人群，如果不在「平等價值」的社會中去積極參與管理社會利益，怎麼能夠獲得平等社會的尊重？如果把獲得被人尊重的希望寄託在「背靠專制強國」，豈不荒誕愚昧至極？因爲它實質上是在把自己遭受到的「階級制壓制」（強權管制），通過自己延伸到「平等制社會」的人群！如此行爲，不被「歧視」，豈有此理？！

希望通過「中國強大」來求得美國（西方）人尊重的中國人，如果它的強大是建立在「平等價值」基礎上的，美國（西方）人沒有理由不尊重中國人！相反的，如果是建築在「階級價值」（極權政治或弱肉強食）基礎之上，等於是希望借助「中共專制」來壓制（壓服）美國（西方）人。這種背靠的所謂「強大祖國」，越強大只會更易增加被美國（西方）人的「反感或歧視」！這類愚蠢的價值觀，不只許多中國人想不明白，請問所有美國（西方）人都想明白了嗎？

在中國極權專制社會，如果主動參與政治（維護正義）管理，多數個人利益會遭受到傷害。但是，在美國等西方民主社會，如果主動參與政治（維護正義）管理，個人利益通常應該會獲得保護或維護。即使生活在美國（西方）國家，一些不願或不敢大膽參與中國和西方社會政治管理（參政議政）的中國人，毫無疑問仍然是被「中共專制」政府綁架或束縛著！因爲中國「共產專制」政府，利用各種罪惡的「利益控制」手段，可以讓無數中國人無法升成「正常的現代人」！

本文不只是對生活在美國（西方）社會的中國人，也是在向美國（西方）社會的各界人士發表意見。如果不徹底認清「共產專制」是利用各種（所有）「利益控制」來束縛國民，就無法正確理解中國人在美國（西方）社會的各種行爲表現！自然，也無法明確中共政府是「罪惡的流氓犯罪集團」，而美國（西方）政府的應對措施（制定的法律和政策）也會缺乏有力和有效的針對性！

十三、「武統臺灣」既無正義也不現實！

近些年，中國（中共）政府「武統臺灣」的呼聲似有升級。但我認爲無論是臺灣政府和普通民眾，還是中國的民主人士及美國政府等都不應太懼怕這場戰爭的出現，因爲它不僅毫無實現希望，還會成爲終結「中共極權」壽命的正義之舉！

決定戰爭勝負的因素分爲必然性與偶然性。我認爲，現實戰爭中「士氣、科技、財力」三大因素會影響它的必然性。台海之戰無疑是「中美之戰」，無論從正義性、價值觀，還是在國際政治經濟等根本利益上，美國都應該義無反顧的全力投入這項戰爭！如果讓中共併吞臺灣，不僅會讓美國在全球的影響力削弱近半，還會使自己信奉的社會價値無地自容（失去正義）！爲此，美國毫無退路！

如果美國責無旁貸的成爲台海之戰的主角之一，那麼，臺灣與美國的結合在「士氣、科技、財力」三項基本因素上都會勝於中國（中共）！我認爲，戰爭的「士氣」既包括前線的士官還應該包括後方的普通國民。因爲他們不僅會直接參與科技和財力的支持，也與前線官兵存在直接「親緣關係」。

我想，沒有任何人能夠否認「士氣」是決定戰爭勝負的重要因素。而「正義感」無疑又是影響士氣的重要因素，它來自「切身利益與公正信念」。爲什麼在香港「反送中運動」中共和香港政府採用多種殘酷的鎮壓手段，依然無法阻擋層出不窮的香港民眾勇敢的站出來抗爭？根源在於他們背負著「切身利益與正義信念」！同樣，一旦中共軍隊進入臺灣，絕大多數臺灣民眾和政府將會奮不顧身的捍衛自己的「切身利益與正義信念」！他們一定會用「以一當十」的精神力量抗擊中共的軍事侵略！

反之，中國軍士和民眾僅有極少數人會背負「正義感與利益性」。雖然中共長期以「祖國統一」在誤導民眾，但現實的中國內地無處不在的「欺詐與腐敗」，將會嚴重的衝擊軍隊的「士氣」！同時，後方的民眾和體制內也會出現大量因爲中共「欺詐與腐敗」而不願獻身的群體。這種因爲政治「欺詐與腐敗」而催生的「厭戰情緒」，只要具備一定的量（或 30%）就會影響戰爭的勝負。我個人認爲，中國內地民眾和軍隊中，對政府「欺詐與腐敗」的厭惡至少會超過 50%。試想，這樣的戰爭有幾層「士氣」？

其實，強大的中國（中共），如果遭受外來戰爭的攻擊，也是極度缺乏戰鬥力的！爲什麼薩達姆政權會被輕易攻陷？同樣是因爲在依靠「欺詐和腐敗」支撐的極權政治下，相當部分民眾對現實社會不滿，不僅不願爲極權政府賣命，還會歡迎「敵軍」進入！這種事態是現實世界所有「專制政府」都會面臨的困局！因此，相對於臺灣軍隊，中共軍隊的戰鬥力是不值得擔憂的！總體評價，即使不能夠以一當十，至少能夠以一當勝五！

除「士氣」而外，決定戰爭勝負的重要因素還有「武器」，武器自然會由科技決定。單看臺灣很難與中國內地相比，但加上美國無疑會反轉！台海之戰，應該說主要是體現海軍、空軍、導彈、資訊幾大技術領域的交鋒。我想，沒有人能肯定中國內地在這幾大領域會超越美國。也許不少人說中國內地有核武器，但我認爲，核武器只有在正義者手中才敢使用！因爲核武器的使用必然會嚴重傷及大量無辜平民，一旦有非正義人士（或組織）使用（爲保專制政權），他必定招致「自身民族」的毀滅性結局！道理很簡單，他一旦使用，無論是他原有的敵人還是朋友都不會接受「它」的存在！也就是說，核武器是「雙刃劍」，在非正義者手中除了嚇唬別人便是毀滅自己（民族）！在專制國家通常指望保護「專制政權」，只有在民主國家才能起到保護普通民眾（維護正義）的作用！爲此，專制國家的普通百姓去支持政府擁有和使用核武器，是人類最大的愚蠢與悲哀。因爲它不僅是在維護和支持邪惡勢力，還會容易導致自身民族遭遇毀滅性結局（如二戰時期的日本）！

任何理解戰爭因素的人士都應該堅信，它是離不開強勁的財力支持的。臺灣背靠美國的財力，應付中國內地的財力，沒有人會相信前者的財力會弱於後者吧？中國內地受美中貿易戰的影響，加上時下的病毒傷害，中國還會面臨國際追責的壓力。中國內地能夠有足夠的財力去支撐一場持續性戰爭？如果有人會認爲可以快速解決臺灣戰鬥，除非無腦！因爲臺灣民眾絕對不會輕易屈服，若採用先進武器（如導彈無人機），美國一定會大力支持！因此，無論是長期戰爭還是短期戰鬥，中國（中共）都很難致勝！

財力、科技，無疑是美國勝於中國！而士氣，是臺灣民眾勝於中國大陸！中國內地民眾只有少數人會明白「統一臺灣」會涉及自身的眞實利益，絕大多數人只是被極權政府主導的錯誤觀念誤導爲於己有關。這種被動的「於已相關」不可能產生強烈的利益追訴感。加上極權政府長期的腐敗與欺詐行爲已經深深的剝去了相互信任，相互信任之間多數是以利益交換來構建責任。當政府用利益去支配戰士和民眾時，會隨時出現「斤斤計較」。一旦發生重大變故，這種「斤斤計較」便瞬間逆轉戰局！類似伊拉克薩達姆政權的快速崩潰，足以證明，只要在一股堅定有力的正義力量持續打擊下，所有依靠「欺詐和腐敗」支撐的專制政權，都無法存活！

前面提到決定戰爭勝負的因素分爲必然性與偶然性，所謂「偶然性」便是戰爭中的戰役佈局、友軍配合及其他隨機因素。它們通常只會影響戰爭的時間和曲折程度，但不會決定最終結果！我不認爲在偶然性因素方面，臺灣與美國的充分配合會弱於中共。至少在獲得國際正義力量的支持方面，可以體現出明顯差距！

中共的所謂「武統臺灣」毫無疑問是專制思維的野蠻行爲，毫無正義可言！假如中國內地已是民主制社會，收服臺灣的理念和方式絕不會是「武統」，只能是協商或公投！所謂「協商」就是利益收買（或利益平衡），如果加入中國陣容的綜合利益大於獨立，臺灣自然有必然接受「收買或收編」。反之，可以不接受「聯合」（聯邦）。至於「公投」，它是存在一定的無奈，讓多數民眾去決定，雖然具有一定合理性，但未必絕對合理，因爲多數普通民眾畢竟缺乏綜合掌握和評價「複雜事物是非」的能力。否則，怎麼可能產生希特勒被當時的大多數德國民眾擁戴，又怎麼可能造成馬列「共產主義」在全世界的肆虐！無疑的，只有「專制思維」才會出現「你屬於我、我決定你」！「武統臺灣」是建立在極其落後的「大一統專制極權理念」之上的，沒有任何「民主、平等」價值，完全脫離先進的現代文明！

做爲中國人，自由、民主、平等的價值理念不應當去追求強迫臺灣回歸中國。如果中國大陸實現了民主政治，大陸政府可以通過協商方式去爭取臺灣和平回歸。但絕不應該主張「武力收復」，因爲那是野蠻落後的「專制行爲」！如果中共政府願意自我改良，「和平統一」才有可能！反之，「肢解中華大地」很難避免。但是，臺灣的眞正獨立需要依賴兩個前提：一是美國力圖推動中國的民主政治；二是中共不願放棄極權政治。也就是說，臺灣應當在推進中國的民主政治改革中產生巨大作用！如果只是一味追求自己的「獨立」，不僅難以實現還可能招致（增加）麻煩！

幸運的是，美中貿易戰與新冠病毒傳播，都在強化美國社會推進中國政治政革的力量！臺灣政府和民眾應該理性的享受和利用這種千載難逢的機遇，應該與美國政府和社會積極配合，逐步推進！如果中共軍隊有膽進攻臺灣，它是很難保持持續進攻力量的。一旦發生退勢，可借此順勢徹底推進戰局，搗毀中共專制政權。因爲國際社會與國內民眾都會借助這一趨勢「改變中國」！

總結起來：「台海之戰」不值懼怕，美台合作不可阻擋！循序漸進逐步推進，中國政改指日可待！「武統臺灣」是毫無正義性的落後的專制思維！在中共政府中，無論官員、專家、學者還是普通群眾（或粉紅），如果不是自不量力便是在自我陶醉！本文的目的並非是要支援一場「台海之戰」，而是希望中國政府和普通民眾不要去支持和推動一場（為「權貴利益」犧牲）毫無正義性質和致勝可能的「兄弟相殘」！自然，也不希望被臺灣政府和民眾誤讀！

十四、一個中國，只應建築在「否定共產專制」之下！

台海局勢的升級已經成爲全球關注的焦點，地區分治與制度衝突是重要原因。如果臺灣與中國在相互抗爭的綜合勢力上幾乎相等，中共政府一定會主張「相互獨立」（據傳毛澤東曾有過類似主張）。由於民主政治容易獲得社會民眾及國際正義力量的大力支持，而進入嚴重衰退狀態（時期）的「共產專制」只會退求保命！

以維護所謂「民族、國家利益」去主張臺灣隸屬中國，無疑是愚民口號：非常容易成爲維護「極（集）權專制」的道具（工具）！因爲在二十一世紀的今天，「民主政治必定（必須）是高於民族和國家」利益的，否則，人類文明只能出現倒退！如果仍然選擇「民族和國家利益大於民主權利」的價值取向，人類就始終沒有走出「二戰災難」的陷阱！

民主政治不能只是「民眾享有投票權」，它還必須包含「民眾享有各項社會自由權利和司法公正的權利」！這些「綜合性權利」都必須是高於「民族和國家權利」的，唯此，才能讓整個人類社會眞正步入先進的文明秩序。以「民族和國家權利大於民主權利（政治）」爲主張的社會行爲，常常容易被「極權集團」利用來危害社會！只有終結了這種主張，才能避免類似「二戰災害」的再度重演！中共政府對維護「民主政治」的人士執行所謂「顚覆國家政權罪」是：嚴重顚倒是非的犯罪行爲！人類文明進步的正義力量必須予以徹底顚倒（征服）回來，否則，人類文明將始終失去公正！

維護臺灣地區的「民主政治」，是無數正義民眾的強烈願望。勢力決定勝負，依靠美國和歐美等世界所有民主國家綜合勢力的共同參與，乃是保障臺灣地區民主價值的堅定基礎！如果中國「共產權貴階層」不願放棄「共產專制（巨大利益）」，世界民主正義力量的合力推進（全面綁定）乃是保障臺灣和世界民主社會秩序的唯一選項！

依靠「民主主權大於民族和國家主權」的正義主張，將成爲臺灣歸向（堅守）「正義價值」的核心理由（理論依據）！國際綜合勢力的積極參與，是消滅中國「共產專制」或推進中國「民主政治」的堅實保障！依靠鼓吹「民族或國家主權大於民主主權」只是想利用「愚民綁架」來實現：續命「共產極權利益」！或者說，是希望繼續利用「共產專制」去剝奪中國（和臺灣）人民的民主自由和公正司法的神聖權利！

本文認爲，臺灣的歸宿只能屬於「民主政治」！如果中國的「共產專制」不選擇自行消亡，臺灣必須受到民主世界的支持與接納，絕不應該允許中國的「共產專制」以任何理由侵犯和統治！

台海局勢，常常成爲中共政府宣稱所謂「一個中國原則」的一廂情願，因爲中共從來不敢宣稱「臺灣隸屬中共」！我們知道，中共政府是反民主、反自由、反法治的，它始終是建立在限制民主、自由和司法公正（獨立）基本原則之上的。由於中國社會被中共全面控制著，宣稱「臺灣隸屬中國」等於在藉口宣稱「臺灣隸屬中共」。

毫無疑問，「臺灣隸屬中國」只是藉口（騙局），臺灣已經發展成爲名副其實的民主、自由、法治社會，已經進入了先進的高級別文明社會，沒有任何理由去接受隸屬於落後文明的「共產專制」制度之下！因爲那樣，必定是人類文明秩序的嚴重倒退，是對人類文明進步價值的嚴重褻瀆、破壞和顛倒！

共產專制，基於錯誤的馬克思共產主義，因爲「共產制度」不僅不會消除社會階級反而會增加（或強化）社會階級！從中共政府「一直不願公開官員財產到無法實行社會民眾教育、養老、醫療等基本生活保障」等社會現實足以證明！也就是說，所有馬克思主義（共產制度）實踐都充分證明，它不僅不會消除「階級壓迫與剝削」反而會增加社會壓迫與剝削（及欺騙），因此，消滅「共產專制」必須成爲推動人類文明進步的一種堅定共識！

既然臺灣不應該接受「隸屬中共專制（共產壓迫、剝削與欺騙）」，中共政府宣稱的「一個中國原則」豈不是在自欺欺人？如果中共政府宣稱「武統臺灣」，豈不是在用「專制霸權（落後的野蠻文明）」去侵犯先進的民主自由及法治文明？請問，全世界享有民主、自由、司法公正（獨立）的民眾（國家和民族），是否有責任和義務堅定的參與維護和捍衛？否則，唇亡齒寒的效應必定降臨到各個民主、自由與法治社會的國家和民族，豈不攪亂世界文明秩序？

十五、應該給張維為「國師」上課

2022 年 5 月 20 日，YouTube 推送出張維爲製作的視頻，標題是「給西方國家上課」。據傳張維爲是習近平政府的「國師」，習近平政府全面推進的「強國夢」應該與張國師（等人）近些年宣稱的所謂「東升西降」價值理念存在極大的關聯性。然而，習近平政府推出的「一帶一路、2025 計畫、雄安新區」等重大措施無不遭遇全部潰敗。足以證明鼓吹所謂「東升西降」是在胡說八道，宣稱「給西方國家上課」爲十足的不知廉恥！

張維爲述說自己（耗費大量中國人民財產）走訪一百多個西方國家後進行的「調查研究」，得出了西方國家正在「走向衰敗」，而中國正在「快速發展」的結論。可是，爲什麼習近平政府推出的「強國夢」措施卻連連遭遇全面潰敗？顯然是張國師等人的認知能力和認識價值存在嚴重問題，在認知能力上缺乏「公正性、立體化的綜合對比」，只會「選擇性、平面化的優劣對比」必然造成認識錯誤。而認識價值會體現出人格品質，張國師極度依附於「權貴階級利益」，通過吹噓「極權優勢」的價值取向，無疑是會禍國殃民！

用所謂「文明型國家」忽悠世人，是張國師的自欺欺人！文明的合理標準還應該在「同一性內涵」之中進行對比，只是強調「差異性內涵」的文明對比，通常不是在表述眞理而是體現出自己是「文化流氓」！我的相關文章已經有過表述，人類文明需要通過「立體化的系統表述」才能體現出眞理！人類文明應該在「同一性」中進行「階級對比」，不可以只在「差異性」中進行「優劣對比」。因爲後者通常會加入「偏好或利益」價值選擇，自然無法得出公正的科學知識（合理的認識價值）！

人類文明的科學標準應區分爲：生產力類型、政治利益類型、經濟效益類型、文化交流類型。而生產力可分爲：石器文明、農耕文明、貨幣文明、工業文明、資本文明、消費文明層級。政治利益可分爲：母（或父）系制文明、奴隸制文明、封建極權制文明、民主法治文明層級。經濟效益可分爲：個體經濟、壟斷經濟、交易經濟、契約經濟文明層級。文化交流可分爲：主次交流、平等交流層級。

請問張維爲先生，什麼是文明？無疑是區別於「野蠻」！中國社會是否已將「民主與法治、契約與平等」實現了充分結合？如果已經實現，請你做出具體論證！如果沒有實現，你有什麼資格說出中國是「文明型國家」？有無數具體的實例可以證明，時下的中國社會無論政府和民間，與西方國家相比，都是缺乏「契約和平等」精神的，更是缺乏「民主與法治」精神的！你非要硬生生將中國定義成「文明型國家」，除了敢於睜眼說瞎話，便是無良無德！

再請問張維爲先生，你宣稱的所謂「文明型國家」與馬列主義毛澤東思想主導的「共產社會主義」是依附關係還是背離關係？如果是依附（主導）性關係，我的理論文章已經將它徹底否定，請你證明它（生存）的合理性何在？如果是「背離性」關係，你如何讓習近平政府「背棄馬列主義毛澤東思想」？豈不是會讓中國共產黨：失去生存合法性？

我們都知道，現今的中國在：政治上毫無民主自由與法治公正至上精神，經濟上完全被共產集團全面壟斷，文化上根本不具備平等交流的社會基礎（只有「黨控文化」），而生產力上則嚴重排斥自由資本和消費經濟的主導價值。請問，它在什麼地方體現出了「先進文明」？正告張國師，請不要用「囫圇吞棗」的語詞來欺詐民眾，你的所謂「文明型國家」絕對不能夠等於文明社會！因爲，眞正的文明社會是可以讓所有人都會感受到「被尊重」！你主張的，只是建立在「極權階級、財產掠奪和壟斷、沒有思想言論行為自由、無法進行世界秩序的平等與正常交流」的社會秩序中，就可以被稱它為「文明社會」？在此，我只能送你一句話：十足的文化流氓！

張維為先生自欺欺人的言論，除了會禍國殃民還會嚴重損毀中華民族（中國人民）的正常形象。因為宣稱所謂「東升西落」的夢碎，已經讓中國社會陷入了全面困境！如果讓「共產極權專制」持續存在，敢問不是在禍國殃民？而張維為以所謂「國師身分」，用不知廉恥的語言表達方式向世界發聲（「給西方國家上課」），豈不是在嚴重損害中華民族和中國人民的正義形象？中國（共產）政府和中國人民繼續被這類流氓文人忽悠，不僅僅體現了民族的愚昧落後也彰顯出極權政府（政治）的野蠻霸道！用抗拒「契約與平等、民主與法治、自由與和諧」來宣稱「文明」，豈非顛倒黑白、無恥之極？！

我認為，張維為「國師」將現實的中國宣稱為「文明型國家」，不只是在褻瀆「文明」一詞，更是在嚴重羞辱中華民族和中國人民的聲譽（追求的核心價值）。如果容忍一個毫無廉恥的文化流氓「給西方國家上課」，豈不是在嘲笑世界人民的智商和曲解人類文明的基本價值？據此，必須「給張維為上課」，讓流氓不再侮辱人類文明的基礎價值和破壞人類社會的正常秩序！中國或中華民族的強大絕不應該通過虛誇和曲解來實現，它必須根植於實實在在的「契約與平等、民主與法治、自由與和諧」。否則，何來文明？！

十六、消滅「習近平：治國理政」是人類文明進步的必由之路

爲了維持中共專制的強大，習近平主政後推出了：強力反腐、中國夢、一帶一路、2025 計畫等政治戰略。對於這些戰略在實施過程中習近平參與的講話、批示、賀信等等，被中共文宣部門綜合整理成了《習近平談治國理政》書籍。據說這部書籍分一、二、三、四卷，分別有十幾種文字出版，累計銷量突破 300 萬部。

爲什麼要在此提出「消滅《習近平治國理政》」？因爲它是一部直接阻止人類社會文明進步的罪惡文集！人類社會的文明進步，已經明確進入了「平衡社會差異」的歷史階段，即依靠「公正法治」來平衡社會矛盾糾紛的文明層級。使用「治國理政」去管制社會利益，顯然透露著「帝王意識」！如果不徹底消除這種罪惡的「帝王意識（政治價值）」，中國社會始終無法邁入「公正合理」的先進文明層級！

本著作中的另一文章〈什麼是政治？〉明確表明，政治就是：管理社會利益！做爲現代文明社會利益的管理者，應該以「梳理公正合理的社會利益」爲己任，而不應該以「管治者或統治者」的身分自居！「習近平治國」，無疑是以典型的「管治者或統治者」的意義出現，是反人類社會文明進步價值的！

馬列主義主張：消滅資產階級、維護無產階級利益。因這種主張缺乏「系統認知」，存在諸多缺陷和錯誤問題。首先，資產階級是不可以「被消滅」的，因爲她是人類文明進步的先進生產力之一，消滅後，必定導致社會出現經濟貧困！其次，無產階級的利益只能通過「公正合理的法治制度」去維護（平衡），不能由「無產階級

及其所謂先鋒隊（共產黨人）」去強行佔有（搶奪）。因此，馬列主義的「共產主張」，無法在現實社會的實踐中彰顯出和平與繁榮！

毛澤東提倡：爲人民服務。但誰是「人民」卻無法被核定，據此毛澤東的政治戰略是「順我者昌 逆我者亡」。換言之，毛澤東政治的實質是「爲自己服務」，因爲除毛澤東本人之外沒有其他任何人被他「服務（尊重或服從）」過！更沒有人敢於揭露他的錯誤與犯罪，他竭力阻止了中國「公正司法」政治制度的建立。導致自己及中共領導人對中國公民與社會長期犯下的錯誤與罪惡至今沒有被追究！請問，他提出的「服務政治」不是在「服務自己」嗎？據此，毛澤東實際執行的是「陰陽（虛假或欺騙）政治」。

習近平宣揚所謂：東升西降、創建世界命運共同體，並依靠強力反腐和鼓吹中國夢等，企圖維持中共專制政權的強勝，但實質上是在持續綁架著上十億中國人對抗民主世界，因爲民主國家的政府官員不敢宣稱「治國理政」（治國興邦）。眞正的民主國家，國家不是屬於「國家領導」，而是屬於「公民」。

公民，是一個個具體的享有維護自己參政議政及合理合法私有財產等各項基本權利的實體，不是無法被具體核實的「人民」（虛體或幻體）。「中華人民共和國」是人類最典型的騙世道具，它始終沒有體現出「人民利益（公民權益）」，只有充分體現和維護「領袖權力（王權利益）」！

馬克思、列寧、毛澤東等共產主義領袖，不可能（也沒有）在中國實現「消滅階級」，更不應該「消滅資產階級」！鄧小平推動的所謂「改革開放」，只是接受了「資產階級存在」的合理性，但未能賦予他們的「合法性」。這自然導致隨時會被「中共政府」剝奪合理性，習近平的所謂「治國理政」便是在充分利用毛澤東玩弄的「陰陽政治」與鄧小平推銷的「陰陽經濟」！據此，我們有什麼理由不提倡「消滅習近平：治國理政」？！

一、美國是有缺陷的先進文明國家

毫無疑問，中國已經面臨「改變世界或被世界改變」的重要歷史時期。「中國模式」近年來被無數中外學者推崇，加上習政府力推「構建世界命運共同體」，「中國模式」似乎體現出「改變世界」的宏偉力量。然而，作爲當今世界最強大的被稱爲「資本（或帝國）主義」的美國，似乎不願輕易「被改變」。川普政府發起的「貿易公平保衛戰」明顯是力圖「改變中國」，但是，美國需要認識到自己的缺陷，因爲它會成爲對手（中共）攻擊自己的有力武器。

關於美國的缺陷，我認爲主要歸因爲：一、邏輯科學局限於「單因性」，缺乏全面、系統、結構性理解和處理各種事物的科學標準。二、基於「單因性」缺陷，沒有建立起綜合設計和評價先進文明社會制度的運行標準，自然無法有效指導後起的「民主國家」順利實現成功過渡，如俄羅斯、伊拉克、阿富汗、委內瑞拉等。三、沒有明白對「專制政權」開放言論自由是愚蠢行爲，尤其是對「共產中共」放開言論自由無疑是「自殺行爲」！

我認爲，以美國爲首的西方所謂「資本主義」國家，首先應該徹底擯棄馬克思主義爲自己和世界設定的「制度名稱」！如果不能徹底丟棄「資本主義」社會制度稱號，等於始終在承認「共產主義、共產黨組織和共產政府」的合法性。因爲按照馬克思主義定義的「資本主義」是比「共產主義和社會主義」落後的社會制度，它始終在攪亂世界人民的價値標準！（關於什麼是「社會主義和資本主義」，請參閱〈什麼是社會主義？與程曉農先生商榷〉及〈爲資本主義正名〉等相關文章）。

依據「多因邏輯」，我認爲，以美國爲首的西方社會，應該（可以）被定義爲「以法治公正爲核心的民主與自由主義」社會制度。而中國、朝鮮、古巴等，則應該被認定爲「以共產專制操控下的民粹主義」社會制度。我的相關文章已作出論述，現實的社會制度必須包含「政治、經濟、文化」基本特性。這裡的「民主和專制」等含義主要代表的是「政治特性」間的相互區別。至於「資本主義和共產主義」都只能進行「經濟特性」上的相互區分。而「社會主義」一詞則具有「綜合或模糊」特性，不能明確（表明）代表「政治或經濟」含義，因此不能（不利於）將它與「資本主義和共產主義」進行區分或比較！

從「文化特性」上區分，可以得出「強姦（流氓）文化與互愛（平等）文化」的差別。美國社會濃厚的基督教文化，推崇「博愛」。「博愛文化與法治公平和財產私有」的相互結合，是美國社會得以持續強大的重要基因。然而，中國、朝鮮、伊朗、俄羅斯等國家，依靠「強姦或流氓」文化對美國等西方國家的滲透和威脅，是需要進行深刻的認識和應對的！

毫無疑問，「民粹主義」是可以任意左右「法制與法治」的，而以「法治爲核心」的社會則是能夠評定和平衡各種「民主與自由」社會行爲的公正及合理性的！我們必須明確，「共產黨控制」的社會是建立在「共產搶劫、流氓文化、民粹政治」之上的，因此對「流氓加民粹」政治（政府）開放言論自由，是多麼愚蠢！同時，那些期望「搶匪、流氓」會自願改邪歸正的人士又是多麼愚鈍可笑。如果持續堅守被稱爲「資本主義、帝國主義」，如何能夠守護依靠「法治爲核心」的先進文明？消滅「共產制」便是消滅「共產綁架和共產綁匪」，消滅了「共產流氓文化」才能消除它操控的「民粹主義」，最終才能守衛住依靠「法治爲核心」而能夠充分體現眞正公正合理、文明進步的民主自由社會制度！

本文觀點，以美國爲首的西方先進文明國家必須明白，自己堅守的「自由、民主、法治」制度已經面臨可能被「中國模式」徹底顛覆的重要歷史時期！認清是非，抵制被顛覆的有效途徑是依靠「多因素邏輯」科學原理爲標準，徹底否定和推翻馬克思「共產社會主義」學說和制度！全面揭露馬克思「共產社會主義」學說的虛假、欺騙與邪惡，是徹底消除和消滅「共產毒害」的必要條件。同時，徹底消除和消滅中共政權在全人類推行的「流氓（專制）文化」更是必須的。我認爲，在以美國爲首的西方先進文明國家裡，明確抵制和打擊中共的「流氓（專制）文化」，將是捍衛公正合理的言論自由的首要任務！

二、也探「美國精神」

2019 年 4 月 19 日，明鏡電視陳小平博士與夏明教授、張洵先生談「美國的根基」。由於它可能是中華民族近一百多年來一直在尋找的，也是當今世界絕大多數民眾需要的答案，因此十分有必要探明！

關於什麼是「美國精神」，一直存在著爭議，始終無法得出公認結果的原因，我個人認爲是受到了「邏輯科學」的限制！2006 年我寫了一部個人專著《東方科學》，書中分別載入了「思維學（或心理思維學）」、「多因邏輯學（或關係邏輯學）」及「腦科學（或生理思維學）」三門相互關聯的基礎學科的基本原理。由於其中的「多因邏輯學」明確否認了黑格爾的「對立統一」邏輯學原理，自然也就否定了馬克思主義所謂的「唯物辯證法」。該書在中共統治下自然成爲「禁書」，更無法獲得正常出版發行！所謂「多因邏輯」就是超越「演繹邏輯與歸納邏輯只能反映單一屬性」的局限，將「辯證邏輯與系統邏輯」實現有機結合，是能夠全面與辯證反映事物屬性的科學邏輯原理。06 年底，我將論述「多因邏輯」的文章：〈邏輯學的內涵與結構〉一文貼在光明網、網易網、鳳凰網等學術論壇。很快受到各種限制或封禁。唯有網易網個人博客大約存活了兩三年，才被中共政府徹底「消失」了。

「多因邏輯」主要包含幾項基本資訊：一、整體（系統或結構）性；二、變化（辯證或動態）性；三、對稱（協同或統一）性；四、基本規律（包括）：關係確定律、矛盾對稱律、略確定律、完整事物律。自然，只有等待我有機會（條件）公開出版發行《多因邏輯學》專著時人類才能見到它的全貌。在此，我通過解析「美國精神」

來嘗試演示「多因邏輯」的基本特點與優勢。

對於「美國精神」，依據「單因素邏輯」不同人會提出不同的標準。自然，有人會提倡是「自由、民主」，也有人會說是「宗教、基督」，另有人會說是「法治、分權」。我認爲依靠「多因素邏輯」，這些都是美國精神的「基本要素」，且都是以「協同」的方式在維護「美國精神」，這個精神便是「公正」！就「單項」而言，有人會說「民主、自由」至上，但也許有人會提「宗教、基督」至上，更有人會挺「法治、分權」（憲政）至上。如果都是「至上」，豈不各自爲「王」？然而我們卻沒有見到美國出現「各自稱王」，乃因上述各方都將「公正」奉爲了至上！無疑的，這「公正」是有「載體」的，它便是「法律」！也就是說，無論是「自由、民主、宗教、基督、法治、分權」都不去挑戰（超越）「公正」，但無論出現任何衝擊到「公正」因素都會被壓制直至消除！爲此，美國人民十分信賴法律、依賴法律，也在隨時「更新」法律，也就是在隨時更新（提升或修正）「公正」！

毫無疑問，民主自由被無數人理解爲是「美國精神」的核心，認爲美國是「民主自由」爲主導的國家，美國的政治和經濟繁榮無疑因它而強勝！但民主自由會製造相對「獨立性」，卻不利於社會「協同」。爲此，一直被「專制政府」（如中共）稱爲「無政府主義」。另外，在一些轉型國家（如伊拉克、阿富汗、俄羅斯等）推行卻會出現「社會混亂」（甚至分裂）。對此，主張民主自由「至上」的學者顯然會迴避這方面問題。

其次，主張美國是以「法治」爲中心的人，自然會推崇「憲政至上」！認爲三權分立是「美國精神」的精髓，它體現社會的「公正公平」。然而，也有人會提出它存在「局限性、低效性和難度性」（http://www.08160.cn/guoji/33751_2.html），認爲權力制衡通常只能解決資產階級內部的「利益均衡」，難以體現爲廣大「勞動民眾」

服務。同時，權力制衡會在面臨社會重大事件，尤其是「國際侵害」上存在長時間爭論不決，難以順利推進。爲此，一些期待「快速高效」發展的社會（政治）力量則據此藉口阻止推行政治「三權分立」！

另外，在「美國精神」中，誰都很難迴避它的「宗教、基督」精神！美國憲法既保障公民的「民主自由」，也保證公民的「宗教信仰」。然而，我們見到在美國有著強大而繁榮（眾多）的「基督教徒」，它絕對是一種巨大的「精神力量」！我認爲，基督教之所以能夠成爲美國社會的最大「教會」，是因爲它具有「平衡」美國精神的核心內容，這個內容便是「懲惡揚善」！基督（神：耶和華）不僅引導人們放棄「罪惡」，還希望人們追悔「前罪」，同時，還提示人們爲他人「奉獻」便是給自己「造福」。耶穌，用自己的「血、肉」奉獻社會大眾，以自己的「犧牲」帶來整個人間的「友善」，從而消滅「罪惡」，這無疑是基督教義的「核心價值」，也是它能夠長期被美國社會容納並保持繁榮的重要原因！

個人認爲，民主自由是美國「自強精神」的基石，它的基本價值是「挑戰權力壟斷」。三權分立是美國「公正精神」的基石，政府權力被民主自由「挑戰」後只能依靠它實現「協調」。基督宗教是美國「平衡精神」的基石，它既不「挑戰」民主自由輸出「威權」（不強迫別人接受「自己」），也不崇尚權力「傳授奴性」。它既能調節「自由」的無度和無奈，還能充分填補「法治」的伸展空白！如此「三大基石」的相互協同，便很好的奠定了美國能夠兩百多年來一直雄居世界的「基本精神」！

雖然，美國人民充分的「民主自由和三權分立」在一定程度上「削弱」了政府的權力，也在某個特定時期或範圍，會影響美國在政治、經濟、軍事、科技、文化發展上的效率，但它始終無法動搖美國的強大，因爲眞正的效率不是建立在短期和局部意義之上的！——無數事務通常只能選擇「相對正確」！

綜上所述，民主自由、分權法治、宗教文化三方的共同合作，是「美國精神」的三大基石，權力在它們三者之間被限制和尊重！如果權力超越了「公正」將被無情限制和修正，而只有「公正的權力」才能被「尊重」！

上述「思維原理」是對「多因素邏輯」的演示，它體現出以「整體性」標準反映事物，同時，在「整體」中各個要素既具有「獨立性」也具有相互「協同性」，從而才能成爲一個「有機系統」，這便是「系統邏輯」的基本意義！所謂「辯證邏輯」就是各個要素間的「相互作用」，它既能反映「正面」作用，也能反映「負面」作用。辯證邏輯在「多因素邏輯」中的基本意義是「動態與變化」，因爲「相互作用」常常即是在「動態」中也會出現「變化」！

「多因素邏輯」的第三特性是「對稱性」，這裡「演示」的三大基石之間的「權力」是以「平面對稱」形式存在的，司法權力是以「公正」性質立於中心！而「專制政體」也會出現在「三大要素」的中心，只是「政治權力」高於其他，因而也是以「立體對稱」方式存在的（它依賴「階級制和王權制」）。即包括自由、民主、法律、邏輯、道德、宗教都會被它限制或者控制，因此，「專制政體」會導致社會缺乏活力與公正！

很明顯，「多因素邏輯」是會體現「形象思維」的，也是需要「形象思維」的。這方面的優勢是單純的「抽象邏輯」無法比擬的，它的科學性會重於哲學性！

毫無疑問，唯有運用「多因素邏輯學」原理才能分清各種複雜的社會問題（及其他類似的「世界性難題」），它能充分釐清「專制與民主」（人治與法治）的具體區別。然而，「專制意識（勢力）」會爲了維護他們的現實利益而阻止「多因素邏輯科學」的面世！專制勢力分爲「政治專制和學術專制」，它們都會懼怕並會阻止《多因邏輯》的面世。雖然「學術專制」也會反對「政治專制」，但那只能是「五十步笑百步」！如果沒有學者能夠否定我這裡對「美國精神」的解讀，那充分證明落後的「邏輯科學」原理和標準在妨礙世界和平與科學標準的進程！

附陳小平博士、夏明教授、張洵先生談「美國的根基」視頻
https://www.youtube.com/watch?v=3az6wN4P49k

三、略談美中「文明衝突」的實質

2019 年 5 月 3 日，美國國務院政策規劃辦公室主任斯金納，表述有關美中關係爲「文明衝突」的言論震驚輿論，引發各種爭議。包括美國之音也邀請專家對此作了「專題」。無疑的，這是一個重要的社會「問題」，有必要商議。

首先，我認爲美中關係可以理解爲是一種「文明衝突」，但它不是通常定義的「平面」文明衝突，而是不同「層級」的文明衝突。我曾經在《北京之春》網刊（2019-2 月號）刊發的一篇〈民主不「獨行」〉文章指出，人類社會存在三種「民主（民意載體）」：武力（威權）民主、教力（信仰）民主、法力（公正）民主。依據「多因素邏輯」原理，人類的社會制度至少應當由「政治、經濟、生產力」三項基本要素構成。其次，人類的歷史還體現出不同的社會「制度層級」。如果將「武力、教力、法力」三種社會制度要素確定爲「民主意義」的三種階級，那「政治意義」的社會層級可對應爲「奴隸、皇權、契約」三種，而「生產力意義」則可對應爲「農耕、商品（工業）、資本」三種層級。至於「經濟分配」意義則可理解爲「自助、掠奪（階級）、交易（互惠）」三種。

基於以上各種人類社會要素構成的「分類」（分細），如今的美國社會制度會對應爲由「法力（民主）、契約（政治）、資本（生產力）、互惠（分配）」高級文明類型，而今日的中國社會制度則可對應（體現）爲「教力（民意）、王權（政治）、資本（生產力）、掠奪（分配）」錯亂性文明類型（性質主導）。這就是說，現今（近年來）的中國只是在「生產力」上接入了高級文明的「資本經濟」，其「民意、政治、分配」性質都仍停留在「次級」文明中。它依靠

「教力」（共產文化）主導民意（民主），以「人治」（王權）代替法治，具有明顯的「皇權（王權）」性質。它以所謂「公有制經濟」對廣大民眾的各種實際利益進行管控，具有明顯的「掠奪」（奴役）性質！

依據上述社會要素分析，我認爲，美中貿易糾紛的根源是「高級」文明與「次級」文明間的衝突！在高級文明的「貿易」中必須體現「自由與公正」，然而，中國（中共）所操控的國內外「貿易」都因其限制「自由與公正」，必然會與「高級文明」形成衝突。它在國內推行「愚民和強權」，民眾不易識別或抗爭。之前，美國、歐洲及日韓等國因中共「綁架」了十多億中國民眾的實際權益，選擇了被動接受「不公平貿易」。近年來，美國政府不再願意接受「不公平貿易」，要爭取「自由與公正」。自然會嚴重衝擊到中共長期依賴和享受的非法（治）政治機制，出現不同層級間的「文明衝突」也就成爲必然！

對於斯金納發表「文明衝突」的爭議，有人認爲是否包含了「種族或區域」意義，我這裡自然持否定態度，至於有提「意識形態」意義，在〈也探「美國精神」〉一文興許已有答案。如果中美衝突與「意識形態」相關，那必定是受到了「邏輯科學」的限制。就是採用「立體、動態（或有機整體）」的意識觀念去理解具體的現實事物，還是利用「平面、靜態（或僵化片面）」的意識觀念理解事物。如果使用後者，自然容易始終「存在爭議」！

美國與中國都是世界大國，作爲世界大國，美國只有兩百多年歷史，而中國若自秦代始已有兩千多年歷史。這就是說，美國是借助人類「第三級文明要素」組成的大國，它是在人類進入「高級文明」轉型時期創建的國家，它必須充分體現保障民眾的「自由與公正」！而中國卻是依靠人類「第二級文明」要素創建的國家，這種「第二級文明」是建築在「專制、極權」價值之上的，它排斥「公正與自由」，依靠「階級制」維持社會秩序。具體根基可明確區分爲：中國是「大一統極權」，美國是「聯邦化分權」。

雖然人類自中世紀興起的文藝復興，爲人類進入「第三級文明」開創了道路，中國也難免受到了它的影響。但人類卻因康德、黑格爾等思想家推出的「對立邏輯」，導致了人類意識領域的「分裂」。隨後便產生了不同的政治主張，以馬克思主義爲主導推崇的「公有制」（共產制）社會制度理念，被前蘇聯和中國等許多集權國家相繼選擇了。由於馬克思主義理論是建立在「非科學」邏輯基礎之上的，因此在實踐中必定會出現「障礙」。一方面這個「公有制」須依賴「極權」，會限制民眾的「自由與公正」，自然也就會抑制社會「生產活力」，從而導致貧困。爲此，前蘇聯及歐洲多國都明確退出了馬克思主義的所謂「公有制」社會，但中國因中共領導集團爲維持自身的長期利益「變通（模糊）」了馬克思主義和公有制的「性質」，從而實現了延續中共的極權政治，也就延續了「第二級文明」！

中共（自鄧小平主政開始）通過「模糊公有制性質」引入了人類最先進的「資本經濟」（無疑有美國的配合），實現了生產力的快速增長。這種依靠「極權化」推動的經濟增長不但被許多「資本主義國家」（學者和精英）誤讀（大加讚賞），也被中共自己「欺騙」了。誤認爲是中共的「極權化」創造了「中國模式」的成績，並讓中共的習政府企圖將它「發揚光大，另立世界」！然而，中國的強大卻使美國社會感覺到了「威脅」，實際上，中共所謂的「成功」中存在著許多「嚴重欺詐」的行爲，近年來美國政府已經開展了全面「維權」。針對中共政府的「維權行爲」，限於「社會機體」的慣性效應，推動十分艱難！

毫無疑問，中國因馬克思、列寧、毛澤東、鄧小平等人的思想和行爲主張，延續了中國上千年的「極權專制」（第二級文明）。

如今的習近平政府則企圖繼續維持或延續它，但「自由貿易」的全球化已讓美國與中國形成了「正面衝突」。因爲以美國爲代表的「自由貿易」是依靠嚴格的「法治」（契約）去維護的，而中國（中共）是不循「法治」（契約）的。它是依附在「掠奪與欺詐」之上的政治文化，這種建立在「習性與規則」上都完全不相同的交易，不出現衝突是不正常的。即川普政府之前的美國政府與中國（中共）的「自由貿易」，一定是「不正常」的，它明顯包含著「不平等或強迫性」！

我認爲，中國近三十多年的「經濟奇蹟」絕不是所謂「特色社會主義」的效應，而是依靠「政治極權與經濟壟斷」。它打著「馬列主義公有制」旗號，通過「極權專制和壟斷經營」中國雄厚的各種資源（人力、自然、財經、消費、輿論、司法等等），以進入限制、輸出補貼等等，讓自己「雙向受益」！我認爲，欲改變中國「共產專制」必然需要徹底摧毀「馬克思主義和毛澤東思想」理論體系。當然，它必須依靠「多因素邏輯」科學原理！改變中國（中共）的「貿易規則」，必須讓中共遵守「法治」（契約）！只有讓中國實現了「法治至上」的公正社會，才能從根本上改變（提升）中國的「公平合理」。才能眞正實現與世界各國的「平等貿易」和友好相處，否則，它總是會用帶有「流氓特色」的次級文明標準給高級文明的社會秩序「製造混亂」！

改變中國的「文明層級」絕對不只是中國人民的願望，必然會是包括美國在內的世界各個「高級別文明」國家的需要。因爲在全球化的今天，不同文明層級的價值衝突你不改變它，它便力圖改變你！至少會嚴重影響或干擾你的正常秩序與規則！近年來，中國（中共）通過 WTO 對包括美國在內的許多「守法國家」的欺詐就是明顯的經濟侵蝕，它推動的所謂「一帶一路」等計畫，則是力圖改變（利用）一些「落後國家」（也會影響一些先進的「法治國家」）

參與破壞先進文明國家的規則或秩序。它在許多國家推廣所謂「孔子學院」則是明確的「文化侵蝕」。孔子，是中國歷史中具有巨大影響力的政治思想家，但他的思想中包含濃重的「忠孝文化」，也就是「階級文化」，它無疑有利於維護「極權政治」（次級文明）。但在「高等文明」的法治社會中，會與主流的「平等價值」形成實質衝突。因此，在以「法治公平」主導的社會中，若干擾到「公平政治」必定會被驅趕！其次，孔子沒有建立起指導人們「自主認識」現實事物的「思想工具」（科學邏輯學），因此，他很難被現實的先進文明所接受！

綜上所述，現今的美中兩國是建基於兩種不同「文明層級」之上的，平等文明與階級文明、契約文明與皇權文明、法治與人治是完全「相衝突」的。儘管都可以接入先進的「資本經濟」，但「互惠互利」與「欺詐掠奪（要脅）」是無法相通（長期並存）的！包括所謂「一國兩制」，都是會被「強權侵蝕」的。與「人治至上」相處，不能改變它，它必改變你，不可能「相互依存」！「極權與壟斷」是落後文明的特性，所謂「特色社會主義」只是欺騙世人的包裝！無疑的，對「不同文明」的理解，只運用「單因素邏輯」是難以分清是非的，因爲影響人類「文明」的因素既不可能是「單一」的，並且還會存在「交錯性」，只有依靠「多因素邏輯」科學原理與規則方能釐清，否則，只會陷入無休止的「公說公有理，婆說婆有理」的紛爭中！

四、試談美國司法的缺陷與亂象

公正的司法制度是維護社會公平正義的堅實基礎，由於中國沒有實現「司法獨立」自然不可能產生出公正的司法審判，也就不會是公平的文明社會！據此，我等無數中國人選擇了逃離中國來到美國。近期在美國經歷了一次「法庭旁審」，綜合個人的一些切身感受，明顯感覺到美國的司法制度存在一些必須改進的問題。

庭審的內容涉及「當事人的親人是否在中國遭遇過間接迫害」，政府律師規定當事人只能回答：有或無，不可以解釋原因。當事人回答了：「無。」

事件的眞實情況是，當事人是可能遭遇關聯性迫害的「唯一直屬親人」，即當事人仍在中國的親人都不是「迫害關聯人的直接親屬」。由於當事人沒有「表述原因」的機會，無法在法庭上呈現「眞實情況」。請問，這樣何以維護公正？這是否體現出美國司法審判過程的明顯缺陷？

另一項重要因素存在於律師身上，即可以爲當事人爭取公正權利（申訴理由）的「被委託人」卻不瞭解：當事人是可能遭遇迫害的唯一直屬親人，自然也就沒有底氣去反駁政府律師的理由。

爲什麼「被委托人：律師」會不瞭解當事人是可能遭遇迫害的「唯一直屬親人」？因爲（在律師事務所安排下）庭審前律師只與當事人接觸過「半小時左右」。也就是說，承辦案件的律師樓沒有讓「律師與當事人」實現充分的溝通。律師與當事人在庭審前僅有「半小時左右」的短暫交流，豈能瞭解清楚當事案件的各種相關內容？這種草率處理司法案件的「被委託行爲」，如何能夠有效保障當事人的正當權益？

據說，這種「上庭律師」輕率處理（承辦）案件在美國是普遍現象，如果說眞的是「普遍現象」應該歸納爲是一種「司法亂象」！它不利於維護文明社會的司法公正，也是應該被明確限制或著力改進的！

另外，我們感覺到，美國政府的一些檢察官對中國政治的實質特性很不清楚。譬如，中共政府對不順服的民眾通過「限制工作條件等」來控制民眾的行爲（人生價値）選擇，是中共各級政府有效實現維持「極權政治」的重要籌碼，有些檢察官就不太瞭解（或認識不清）。只要對中共政權穩定會產生正面衝擊或權力威脅的言論和行爲，中共政府不僅一定會對直接行爲人實施嚴厲打壓，還會對他們的直接利害關係人實施各種打壓或利用。但是，對此可以找出無數實例的眞實事件，有些美國的檢察官卻不太相信，或缺乏眞假辨別能力。

美國司法只是建立起了重要的基礎：司法獨立。但是，有許多具體規則和執行標準，仍然需要進行重大改進和提高！雖然我有意願參與美國司法制度改進的探索之中，但是，我是否有機會和權利參與，仍然是我的困惑！儘管這種探索會影響到全人類司法制度「公正性」的全面推進，但它無疑會觸及到一些個人或集團的現實利益！

五、隱私權，誰可以擁有？

在專制極權國家，民眾對政府不會享有隱私權，而政治（政府）官員則會對民眾享有充分的隱私權。政治官員的隱私常常被命名（曲解）爲「國家機密」，普通民眾若有知曉和透露（揭露）輕則遭遇限制或打壓，重則面臨入牢或滅口！

在民主自由社會，據稱民眾會享受充分的隱私權，而政府官員不可以享有。毫無疑問，只有建築在堅實的「行政、司法、立法、媒體」四權相互獨立與相互制衡的基礎上，才能出現那樣的狀況。否則，任何敢於揭露政府（政治）官員不公正行爲的人士，也是有可能面臨被限制、打壓，或者入牢、滅口。

說透了，隱私權就是有利於保護「犯罪」。普通百姓享有隱私權能夠保護自己「犯小罪」，而政府官員（政治領袖）享有隱私權則會保護他們「犯大罪」。由於任何人都有可能犯錯或犯罪，因此，政治權力越大的人越容易犯大錯或大罪（如各種「獨裁者」）。降低隱私權保護，無疑有利於降低社會人群的犯錯和犯罪。如何才能建立起合理的衡量犯錯與犯罪的認定標準，以及認定任何人都會犯錯或犯罪的基本價值觀，會成爲促進人類文明進步的一項重要基石！

誰應該享有隱私權，誰在享受充足（過度）的隱私權，誰可以犯錯，誰在犯罪、誰在犯大罪？誰享受了社會公平，誰享有了過分的隱私權保護？恐怕是現有法律界眾多專家都無法認定的難題。請問，我們可以去爭論，去探討，去破譯或者暴露它們嗎？在極權專制社會，這是一項會危及自身安全的「冒險行爲」，因爲首先你可能會被失去「隱私權」，或者被限制、打壓、無端定罪等等！

通常，普通百姓和政府（政治）官員都希望自己擁有充足的隱私權保護，而隱私權保護則與犯罪行爲會有直接聯繫。借助隱私權保護而犯罪如果會涉及任何人，則會涉及到人類社會（國家民族）政治制度的建設標準。前者是法律界學者研討的職責範圍，而後者卻是涉及到社會（國家或人類）政治制度建設的範圍，自然跳出了法學專家可以探索的領域。難題，不是不能破解，而是是否允許無限制探討和表達？或者說，人類社會是否眞正進入了或體現出了「崇高文明」？

六、簡談「自媒體」的制法與執法邏輯

互聯網與自媒體的結合形成了「新型媒體」，它不需要「仲介審查」便可直接發佈消息。傳統媒體是建立在「仲介審查」機制上的，普通民眾無法直接發佈資訊。由於「新型媒體」已經推廣全球，涉及資訊安全（真假與傷害）的問題成爲紛爭焦點。如何制定出合理法規成爲難題，我認爲，依靠現行的邏輯原理和標準很難制定出民眾滿意的法律規範！

無疑的，通過媒體向社會發佈資訊除能提供有利資訊也會發出有害資訊。傳統的「仲介審查」對於有害資訊自然容易控制（減少），而新型「自媒體」的普及對於有害資訊的減少控制會促生特殊的管理模式。我之前有文章明確提出「不要用私企來混淆是非」！因爲新型媒體具備「限言、封言」的功能，也就承擔著「護法和執法」功能。實質上體現著「司法機關」的職責，而司法職責會檢驗其：社會公正性！在極權專制國家民眾失去了批評政府和政治官員的權力，被互聯網公司限言和封言多爲批評政府和政治官員。但在民主自由社會互聯網公司限言和封言多爲政治偏向，通常後者很難出現「終身禁言」的行爲，但前者卻爲「常態」！

除因政治原因出現限言和封言，還有因「真假資訊和傷害資訊」而產生限言和封言的情況。如果因爲發佈「虛假和傷害」資訊，應該歸於「司法管轄」，互聯網公司無權管制。如何歸於「司法管轄」？極權專制國家通常是「員警機關（人員）」直接進入（併入）互聯網公司參與現場執法，而民主自由國家似乎還沒有形成這種機制。我認爲，雖然員警機關（人員）可以直接併入互聯網公司「現場執法」，但需要在與「司法機關」全面配合下才可實行（體現公正）。

也就是說，互相網公司在對使用者（客戶）執行限言和封言時，需要接入「司法管轄」。即互聯網公司在執行「限言和封言」行動時，已經屬於「司法行爲」，不是單純的「企業行爲」！如果互聯網公司無法體現「公正廉明」，要麼接入「司法管轄」，要麼接受「司法裁判」。

針對言論自由的司法鑒定，通常涉及政治言論、眞假言論和傷害言論。在民主自由社會限制批評政府和政治官員應該被視爲（定義爲）違法行爲，互聯網公司不可享有維護「政治偏向」的權力。自然，政府機關和政治官員也可以享有平等的言論自由的權利，如果出現爭議應該需要接入「司法裁判」！眞假言論和傷害言論的認定，也不能完全由互聯網公司去裁定（執行）。重大的眞假言論和言論傷害事件，通常應該由受害方與加害方提請「司法裁決」，互聯網公司應擔負提供公正證據的責任。

針對眞假言論和傷害言論應該視情節輕重做出：提示、警示、及時限制、司法裁定。也就是說，在沒有經過「司法審判」（司法授權）之前，互聯網公司根本無權對使用者（客戶）做出「長期和永久限制」（重大限制）！如果產生嚴重限制行爲，被限制者有權通過享有獨立公正(司法獨立)的司法裁判實現追訴(廢除和賠償)！

先進的文明社會，需要儘量體現出公正透明。失去透明，公正便會嚴重受損！在沒有言論自由（不能批評政府和政治官員）的社會，公正廉明絕不可能得到彰顯！因此，互聯網公司必須承擔充分體現出維護言論自由的職責。它既沒有限制言論自由的理由，更不應該「獨斷」享有和參與限制民眾言論自由的權力！互聯網公司是向現代社會提供「公共產品」的生產者和維護者，由於這類產品兼具推廣和普及言論自由的功能，應當彰顯現代社會政治的核心價值。加上社會政治是進行社會利益管理，因此互聯網公司也就會兼具參與現代社會政治管理的職責。

再次聲明，不要用「私企」來混淆互聯網公司的職責！它是兼具社會政治、經濟和文化管理功能（政府職能）的綜合性企業（提供「綜合性社會用品」），它不僅能夠體現出「民主政治」，也會體現出「極權政治」。它的綜合性功能和複雜性關係，需要依靠新興的邏輯標準（原理）才能得到梳理。希望本文能夠對影響和促進人類先進文明的「自媒體」存在嚴重價值分歧的司法管理（法規制定）產生一定的引導作用（提供司法理論依據），爲促進人類文明進步產生積極影響！

七、簡談什麼因素影響了俄羅斯的社會進步

俄烏戰事仍在激烈交鋒中，無論這場戰役怎樣結束都會面臨：如何改變俄羅斯與北約的關係問題！因爲它不僅直接關係到這場俄烏戰爭的起因，也會關係到未來俄羅斯與世界的和平秩序！

我們知道，俄羅斯民族的文化、歷史和近期政治嚴重影響了它與北約的關係，也直接導致了這場災難性的俄烏戰爭！俄羅斯民族的「霸氣文化和大國歷史」不僅一直在影響著近期政治的社會氣氛，也在默默的衝擊著周邊（北約）國家的擔憂。在政治強人普丁的持續推動下，俄羅斯不僅讓北約感覺到壓力，也在迫使所謂「北約東擴和阻止普丁的強國（人）政治」！這種純物理性質上的力量抗衡必然摧生雙方的力量升級，生死之憂與互不退讓豈不促成「你死我活」？

我們也知道，美國也是在維護「大國價値」，但美國的文化基礎（基督教文化）與建國基礎不推崇「霸氣文化」。或者說美國的文化基礎推崇「平等與關愛」，而建國基礎則廢棄了「政教合一」和創建了「三權分立」政治機構。這些建國基礎不僅保障了「平等文化」的伸展，也堵斷了「極權政治」的復現。儘管美國持續維持了世界經濟和軍事強國的地位，但依靠「平等與關愛」的文化基礎它幾乎未曾推行過「強制殖民或霸道文化」。相反的，卻在用開放的移民政策持續的吸引著世界各地不同民族人衆的主動加入：融入「平等文化」！

俄羅斯和中國也都在推崇「大國價値」，但試問世界各地有多少不同民族的人衆願意「主動加入」（接受「階級文化」）？因爲，俄羅斯和中國的「大國價値」是建築在「權力階級（或霸道文化）」

之上的，它們與美國（西方）「平等關愛」的文化價值徹底違背。爲此，若欲改變俄羅斯（和中國等）與北約（西方）的關係，無疑會涉及改變她們的文化和政治價值基礎！換言之，如果俄羅斯不能改變自己建築在濃厚的「霸氣文化下的大國價值」，自然無法融入西方先進文明社會。持續被排斥和相互衝突，甚至兵戎相見都難以避免！

「大國價值與階級文化」的結合無疑會阻礙民主與自由社會價值的推進，也會威脅到無數小國（弱國）的利益訴求。人類和平不僅需要各種民族在國內社會大力推行「平等文化與民主政治」，更需要各個大國強國在國際關係上推行「公平價值或平等價值」。二戰已經證明，任何採用「軍事殖民」方式來推進「大國價值或霸道價值」的行爲（所謂「成王敗寇」理念），都是對整個人類先進文明秩序的挑戰和侵犯！俄羅斯和中國人民都需要明白，任何企圖以「軍事殖民」來推動「大國價值與階級文化」（霸道價值）的政治主張註定會不得人心，也必定會失敗或必須失敗！

八、「虛假的社會主義」能夠吞噬西方社會的民主自由與法治建設

面對中國（中共）政府，「社會主義和美國強大」都是難以繞開的議題！關於〈什麼是社會主義？與程曉農先生商榷〉一文，論述了馬列共產主義理論主張的「社會主義」是虛假的，因為它依據的「演進式邏輯」（否定之否定法則）是違背科學檢驗標準的。其次，人類社會制度應該由「政治和經濟」為共同基本內涵的結合而構成，絕不應該只由「政治或者經濟：單一因素」去定性，更不能用抽象模糊（籠統）的涵義去定義！馬列主義理論的實踐證明，依靠政治制度對經濟制度的「相互否定（推動）」可以實現人類社會的更新、富裕與幸福（公平公正）是欺騙世人的詭辯邏輯（理論），更是攪亂世界的強盜邏輯（流氓理論）！另外，真正利民的社會主義絕不是以消滅「私有制」為準則，而應該是以「法治」（四權分立）為核心，在依靠「私有制」（資本經濟）促進生產力發展的基礎上通過保障或逐步提高低收入人群（所謂無產階級）的「基本生活」去實現社會的相對和諧（穩定）！絕對不是以追求「平均主義」的標準去實現「極端無私」，其結果只能是走向被惡劣政治集團（共產黨）壟斷社會利益，並且會以嚴重欺詐的行為方式去建造非文明的社會秩序！

在〈什麼是社會主義〉一文中，我還闡述了在以「法治」為核心、依靠「私有化」經濟發展基礎上的社會主義可分為兩種：一種是高稅率、高福利制度，一種是低稅率、低福利制度。相對而言，歐洲的瑞典、丹麥、德國和北美的加拿大等，也許偏向高福利。美國是高度的聯邦制大國，地區（洲）之間會出現不同的稅率和福利

標準。在美國一直存在著主張推行高稅率與高福利的政治力量。我覺得這種主張可能是有兩種因素組成，一是眞誠傾向支助弱勢（低收入）群體；二是藉口幫助弱勢群體實爲騙取「政治抱負」（統治欲望）。前者值得尊敬但缺乏國際形勢的宏觀與平衡視角，或者說缺乏對美國社會根本利益和正義價值的維護能量。後者是一種明確的「欺詐行爲」，因爲以馬列共產主義主張的所謂幫助窮人（無產階級）的「社會主義」制度，最終都會走向「極權壟斷與欺詐」！不僅會讓窮人（底層民眾）遭受貧困，還會讓他們喪失各種合理的政治權利！爲此，打著解救「無產階級」（低收入人群）旗幟的所謂「馬列社會主義」人士，有些是在明目張膽的實施欺詐，有些並不明白自己是在催生社會災害或者助紂爲虐！

馬列「公有制社會主義」在全世界的實踐已經歷過百年，至今沒有一個國家或地區成功實現公平富裕！因爲「消滅私有制」必然導致貧困。現實實踐中推行的馬列「公有制社會主義」不僅無法實現社會平等，而且全是依靠擴大「行政階級」（極權政治）去構建社會秩序。而「行政階級」在公有制經濟中會繁生腐敗卻是它永遠無力排除的頑疾，唯一能夠支撐它存在的手段就是「極權壟斷」各種政治資源！這就是說，支持推行馬列「公有制社會主義」的結果都會走向「全面的極權政治和經濟貧困或腐敗欺詐」！

無論是現實實踐還是理論邏輯，馬列「公有制社會主義」都無法證明能夠實現「公平公正與自由富裕」！因爲它主張消滅「資本主義」的理念（理論）明顯忽視（迴避）了「資本經營」背靠的智慧、勤奮與節儉。採用強迫（武力）剝奪資本家財產後必然出現兩種結果：一是抑制勤奮與節儉、助長懶惰和浪費；二是增強極權和欺詐，它只能通過掩蓋眞相擴大「行政階級和強力壓制異己（異議）」去構建社會秩序！這就是說，所有推動馬列虛假「社會主義」制度的國家和地區，都會以擴大「政治階級」、壓制（甚至剝奪）民主自由和公正法治的方式構建社會秩序！它不僅無法讓社會實現平等富裕，還會讓全社會成員依附於「行政權力」。而擁有（掌控）行政權力的人士（共產政黨）都會以「爲人民服務」的名義，決定和限制（剝奪）所有社會成員的自主權利和限制各種正當行爲！

前面提到，建立在以法治（四權分立）爲中心的「社會主義」制度上的社會，可以出現低福利、低稅收與高福利、高稅收的分別。不同的國家和地區可以選擇不同標準。從總體來看，我認爲美國至少在短期（三十年）內不應該選擇高福利、高稅率制度。它主要受三方面因素影響。首先，美國是高度的移民化國家，當今世界尚存在著產生大量「政治和經濟難民」的條件，如果推行高福利必定會吸引更多難民湧入美國，而美國只能被迫築高移民圍牆。這樣不僅對美國的經濟發展不利，也會限制對落後國家和地區進步的支援。其次，世界仍然面臨一些極端邪惡組織和馬列共產極權專制力量的威脅與傷害，而美國是當今世界上唯一能夠領頭阻止和消除這些嚴重威脅和危害人類的正義力量。如果美國全面推行高副利必定會大大削弱抗擊這些邪惡勢力的力量。另外，中國、伊朗、北韓、俄羅斯等極權勢力仍在依靠強勁的軍事力量威脅美國和民主世界。抗擊和戰勝這些邪惡勢力的威脅和進攻，無疑的需要足夠的經濟力量去支撐科技和軍力的壯大！

打著「共產平等」旗號的專制極權國家不僅在欺壓本國民眾，也在嚴重威脅美國的民主制度。尤其是中共政府對西方社會的全面滲透，更是動搖美國民主自由與法治根基的強勁力量！馬列「共產社會主義」，打著保障和提升低收入（無產階級）人群生活條件的旗號，具有很強的煽動和欺騙性！如果被美國主流社會信任和接受，不僅會讓美國社會無力抵抗各種邪惡勢力的攻擊，還會使美國社會逐漸喪失自由民主和公正法治！——「香港事例」已是現實的範本，不要以爲它很遙遠，因爲推動它的力量早已在美國、歐洲等民主社會全面滲透和蔓延！中共已經嚴重侵害香港，臺灣一直在面臨它的嚴峻威脅。之前的馬英九政府選擇「投機」（模糊）的所謂「九二共識」，其實是在自欺欺人！因爲他們忽視了中共逐漸侵蝕「民主、自由、法治」制度的必然性！臺灣選擇與中共的苟合（苟活），最終必然走向被中共專制全面吞食，即香港的今天無疑會成爲臺灣的明天！只有選擇堅定的配合美國，合力不斷推進全力抗擊和剿滅中共才能實現維護臺灣、美國和世界的民主、自由與法治制度！

九、西方國家無法破除「馬列共產主義危害」的原因

我們知道，馬列共產主義源於黑格爾的「辯證法（對立統一）邏輯」。基於常識規律，這個邏輯原理後於「演繹法和歸納法」產生，對先於自己產生的價値觀念的排斥（反對）自然會具備先天的免疫力。因此，依靠「演繹邏輯和歸納邏輯」的西方學者，自然無力破解馬列共產主義的虛假與危害！

馬列共產主義給人類造成的傷害遠遠大於「二戰對人類的傷害」，但人類社會至今沒有徹底清除它的存在和氾濫！根源在於，人類思維、文化界沒有掌握消除它的「邏輯工具」，能夠徹底清除它的邏輯工具只能是《多因邏輯學原理與規則》。本著作中的〈千年法典（認知定律）〉，做出了具體論述。本文認爲，有必要運用「多因邏輯原理」對馬列共產社會危害性的實際操作進行分析，讓西方社會的政治學術界能夠清晰的理解馬列共產社會不可接受的原因！

許多事實與論述都在表明，馬列共產主義的危害主要體現在「專制野蠻和經濟貧困」，其實還有「剝奪自由與限制平等」！馬列共產制度利用虛假的「共產平等」的理論主張，採用野蠻的政治手段搶奪和控制社會資產。不僅控制了社會各界民眾的生活與生存資源，限制了社會大眾的各種正當自由，還操控著社會大眾的精神意識和親情利益（利害）。這種全方位的利益和利害控制，不僅會讓廣大普羅大眾對它形成嚴重的利益和利害依賴，也會強力的限制民眾對它產生（聚集）反抗力量。正是這種全方位利益與利害控制，才會造成馬列共產社會不容易被顚覆！

共產制社會（國家）實行對廣大社會民眾的利益和利害關係的全方位控制，是造成本國民眾難以輕易實現推倒它的重量原因。改變強大的「共產專制制度」，通常需要國際上各個民主制社會（國家）的大力支持。然而，由於西方民主制國家所依據的「邏輯原則」過於落後，始終無法找到破解馬列共產理論危害性的有效管道。黑格爾「辯證邏輯」的錯誤、馬列主義社會學理論體系的虛假、以及採用野蠻和全面的「專制政體」控制力量，是馬列共產主義的系列架構。唯有依靠「多因邏輯」，才能對它的整個架構體系展開詳細的批駁的系統性證僞，最終也才能完成對它的徹底否定和廢除！

十、改變中國，利於破解國際「難民危機（氾濫）」

毫無疑問，美國和英國都是當今世界最先進的文明國家，但近年來都被同一難題嚴重困擾：難民！我認爲，「難民問題」是英國脫歐與美國修建美墨邊境牆的重要原因，但這都不能（很難）追尋到問題的根源：中共專制！

也許沒有人會將英國（歐洲）的難民和美國（墨西哥）難民問題與「中共專制」實現聯繫，其實它們存在著明顯的邏輯聯繫，只是不易被理解！我們知道，移民問題對於任何一個開放（自由民主）國家都是無法迴避的，通常情況，技術、投資、親戚移民是很容易被接納和應對的。最難接受和處理的自然是「政治和經濟」難民（移民），無疑的，生產「政治難民」的國家通常是「專制集權」國家。而現今最強大的專制國家自然是「共產制中國」。前蘇聯崩潰後中國成了唯一最強大的「共產極權」國家。爲此，它是最大的「政治難民」生產（輸出）國，只因它近三十年接受了「資本經濟」改造，減少了生產「經濟難民」。但是它卻在協助（助長）朝鮮、古巴等「共產」國家維持專制政權，這些國家不僅產生「政治難民」也生產「經濟難民」。

事實上，專制政體等同於「綁匪政府」，這種政府通常會限制「難民輸出」（寧願被餓死），因爲這些「難民」都是被專制政府綁架的「人質」。如果它允許「難民」自由逃離，等於「釋放人質」，綁匪釋放了「人質」豈不是等待被「擊斃」嗎？爲此，所有專制極權（綁匪）政府都會關牢國門，以求「保命」（觀現實的北韓）！自然，還有另一層因素，就是儘量控制「共產奴隸」的逃離才能保障「共產剝削」的利益最大化（見現實的中國）！

一些能夠大量輸出「經濟難民」的國家多數是「自由民主」國家，因爲他們無須用「人質」保政權。這些國家通常是因爲「制度混亂（落後或不建全）或資源貧乏」，但基本上都是小國。很明顯，對於社會制度混亂（落後或不建全）的國家只能通過改進社會制度去減少製造「難民」。然而，我認爲改進世界各個落後國家的社會制度，都會受到中國（中共）政府的嚴重影響（阻擾）！因爲制度落後的國家主要包含三種影響因素，一種是政治制度落後（推行「強權或綁匪」政治），一種是經濟、文化制度落後，另一種是資源匱乏。這三種因素通常會相互影響。中國（中共）是當今世界的「超級大國」（最強大的政府）它可以影響任何國家的社會動向。對於現有各類落後的「專制極權」國家，中共政權絕不希望它們被改進，因此會儘量阻擾其改變，譬如對北韓、伊朗、俄羅斯等國家的改革。對於「資源貧乏」或經濟、文化「制度落後」的國家，中共的「一帶一路」戰略已經充分體現出，會以「腐敗經濟和愚民文化」方式去侵蝕，其結果不是幫助建立良好的社會制度，而是增加生產「難民」，如委內瑞拉等！這就是說，中共既不希望現有的各種「專制極權」國家改革，也會盡力影響（或破壞）「民主自由」國家的制度建設。它的目的和行爲不僅會影響先進文明社會制度的進步和完善，還會嚴重阻礙落後國家的制度進步！

我認爲，改變落後國家的社會制度，至少應該包含三方面的制度建設，它們是「政治制度、經濟制度、文化制度」。毫無疑問，中國（中共）的社會制度在這幾方面都存在嚴重問題，它的「專制政體」明顯是落後的，它的「腐敗經濟」也是不得人心的，而它的「黨控文化」（流氓文化）更是欺壓人權和攪亂社會文明的！由於現今的中國（中共）是具有全球影響力的超級大國，如果不首先改進（遏制）它，要想推進其他落後國家的改變是非常困難的！

中共專制依賴「馬列歪理邪說」欺世盜名，人類絕對不應該是要建立「一個階級推翻壓迫另一個階級」的社會制度，而是應該建築「權力被監督和限制」的社會政治制度！中共利用狹隘、邪端的「馬列毛等」社會學說，誤導人們步入邪途、掉進陷阱！現實證明，馬列主義（共產黨）成爲「統治階級」後，同樣壓迫和剝削「無產（無權）階級」，甚至更加陰險、兇狠、殘暴！

我認爲，中華民族已到了「最可怕的時候」！它被邪惡的政治勢力控制，用「綁匪政治、腐敗經濟、流氓文化」控制十多億中國人，並且運用「腐敗經濟、流氓文化」在侵蝕全人類！它的「腐敗經濟」能夠壓垮華爾街！它推廣的「大外宣、孔院、五毛軍」等流氓文化，可以在世界各地橫行！毫無疑問，當今世界，「難民問題」是影響先進文明國家建設和穩定的重要課題，改變「中共專制」無疑會有利於全面推進全人類的文明制度建設！中共的「專制政權、腐敗經濟、流氓文化」不僅在侵蝕全人類，自然也是阻礙人類社會文明進步的最大力量！唯有全世界正義（先進文明）力量聯合起來，徹底摧毀它，人類才能迎來美好的未來，也才能從根本上解決困擾先進文明國家的「難民危機」！爲此，英國脫歐與美墨邊境建牆，能夠說明它們與「中共專制」沒有邏輯聯繫嗎？！

十一、「美帝國主義」是專制獨裁者用來保護自己的「語文工具」

蘇俄、中國、北韓等共產專制政府和專制獨裁者總是會（習慣於）使用「美帝國主義」的詞彙來代表美國的社會特性，其實質是要故意誤導民眾！因爲「共產專制」的眞正敵人是「私產民主」，不是帝國主義。帝國主義的特徵是「軍事侵略（掠奪）」，美國沒有侵略（掠奪）過蘇俄、中國、北韓，只是會逼迫或力圖改變（改進）這些「極權專制」（包括共產黨專制）國家的專制社會制度。而「共產專制」的社會等同於「國家奴隸制度」，不僅是野蠻落後的，也是會嚴重阻擋「私產民主」社會制度順利推廣（推進）的。

美國不只是「私產民主」社會，也是全世界最強大的國家。美國強大的根源絕對不是因爲「帝國侵略」（搶奪），而是基於「自由」！它的自由，不只是針對國內社會，也是面向國際社會的。如果說針對國內社會的「自由」體現在「思想、言論、行爲、信仰」（諸如參選、出版、結社、集會、遊行、擁槍等具體內容）方面，在面向國際社會上則表現爲「移民、經貿、文化」等方面。美國移民政策的基礎價值是接受世界各國各種民族的人員「自由出入」，這裡的「自由出入」不可以作絕對化理解，而是建築在利於維護美國社會價值充分穩定的原則之上。如果出現危及美國社會基礎價值的社會穩定，自然會受到「出入限制」。

美國開放的移民政策，不僅接受利於社會經濟發展的各種社會精英與低端勞工，也接受保障社會「和諧價值」（助弱價值）的各種難民，主要包括政治和經濟難民。美國的「自由貿易」不僅可以保障自己的經濟繁榮（物質豐富），還能促進世界各國的社會發展進步。美國的「文化自由」，不僅利於「自由貿易」更能體現和提高「政治文明」。美國的政治文明是建基於牢固的「三權分立」，它與「自由文明」的充分結合方能彰顯出崇高的先進文明！

政治機制的「分權制衡」，社會秩序的「充分自由」，經濟效益的「繁榮興旺」，乃美國社會強大興盛的綜合因素！專制落後的國家政府及其統治者（如史達林、毛澤東、卡斯楚、金日成等等）採用故意歪曲事實的方式，選用所謂「美帝國主義」稱呼來誤導民眾，其心可誅！自由，是美國的核心價值，而專制社會則需要剝奪廣大普通民眾的各種「自由」才能保障專制獨裁者（們）的利益和權力！爲此，借用虛假的「反對美帝國主義」之名，實現「阻止私產自由（民主）」社會制度的全面推進，才是專制政權和專制獨裁者們的眞實目的！

美國是世界上最強大的「民主自由、政治制衡、經濟繁榮」的國家。而專制極權國家，尤其是共產專制社會不僅會強力限制「民主自由、政治制衡」也會抑制「經濟繁榮」等先進文明社會機制的建立。試圖通過打壓美國的社會力量來維持自己極權政體的穩定，卻不能（無理）正面阻止「民主自由、政治制衡、經濟繁榮」等社會機制的推進和建立，只能去選擇缺乏實質內涵的所謂「美帝國主義」來誤導民眾。爲此，所有習慣於使用和相信「美帝國主義」稱謂的人士和人群，應該捫心自問：究竟是在騙別人，還是在騙自己？！

人民當家作主，是民主政治和先進（高級）文明的核心價值。然而，能否眞實體現「人民當家做主」卻產生了不同的價值型別。打著「爲人民服務」招牌的許多政治領袖，卻竭力阻止「政治三（四）權分立或司法獨立」。這些政治領袖常常通過玩弄虛假的「民主投票」去宣揚自己的合法性，但民眾合理的利益訴求卻無法得到眞實體現。無疑的，主張「人民當家做主與爲人民服務」都具有合理價值，但若失去「司法公正」的強力保障，常常出現虛假結果！

通常，司法（社會）公正需要依靠「司法獨立」才能得到彰顯！因爲一旦政治（執政）權力超越司法權力，便無法避免政府部門和政治官員超越司法公正而侵害民眾利益。換言之，只要存在可以超越司法權力的政治行爲（勢力），都有可能形成侵佔或侵害民眾合理利益的行爲出現。在缺乏「司法獨立或司法公正」的社會制度中，即使存在廣泛的「公民投票」行爲和「爲民造福」主張（宣傳或宣誓），也不能夠充分保障社會利益的公正化體現！

民主政治的透明性與公正性都是保障民主制度的必要條件！缺乏高度的透明性與公正性都會嚴重影響民主制度的實際成效。有些政治家（或學者）將民主制度分爲「不同類型」，我認爲它是對民主政治的嚴重曲解（或誤解）。正確的思路應該理解爲存在「不同階級」，或者說建築在不同階級上的透明性和公正性民主制度實爲「階級區別」，不應該說成「類型區別」。因爲不同的透明性和公正性會以「不同階級」的方式限制社會自由和司法獨立（公正權利）！

一、簡談：什麼是「政治」？

現實中，關心政治與否時常會成爲一些人士交談或爭論的話題，並且常常出現敵意分歧或無果而終。主要原因是它會涉及兩項因素，一項爲不明確「什麼是政治」，另一項爲「被政治剝奪」。

曾經有人問我「什麼是政治？」我回答說：政治就是管理社會利益！它可以分別體現爲：管理自己的利益，管理別人的利益，管理自己和別人的利益。如果有人失去了管理自己利益的權力，等於被剝奪了政治權力，而自己的利益便只能由別人去決定，能否獲得公正合理的利益保障便不由自己做主！

父系社會婦女會失去管理自己利益的權力，奴隸社會奴隸主會剝奪奴隸管理自己利益的權力，而皇權階級社會是政治官員：分階級剝奪下層人員（民眾）管理自己利益的權力！「民主社會」賦予每位正常成人管理自己利益的權力，但絕大多數人需要委託社會組織和個人承擔自己代理利益管理職責。在現實生活中，這種代理利益管理的組織和個人會產生兩種狀態，一種能夠充分體現爲被代理人盡職維護合法權益，另一種則多爲名義上代表被代理人權益，實質上卻在維護另一些人（包括代理人自己）的權益。這種偏離維護被代理人利益（意願）的方式等於剝奪了被代理人管理自己利益的權力！

當今世界，最明顯公然剝奪被代理人管理自己利益權力的是「馬列共產社會」（所謂社會主義制度），這種長期公開剝奪被代理人管理自身利益的政府、組織（政黨）、個人（領袖），是依靠了一種包含嚴重錯誤的政治理論在公然行騙！這個錯誤理論就是：「政治是一個階級壓迫（統治）另一階級的工具。」

這種理論不僅會製造社會群體對立（分裂），還會支援政府組織（成員）剝奪非政府組織和成員（即廣大普通民眾）參與管理自己利益的權力！也就是說，這種理論不可能維護每位社會成員的合理權益，而是主張公然去剝奪一部分社會成員的合理權益！據此，完全可以認定，「馬列共產社會（所謂社會主義社會）」不僅無法實現民主政治，還會明目張膽的製造社會混亂或群體對立（階級對立與社會階級）。

因此，只有從社會學基礎理論上徹底廢除「馬列共產社會主義理論體系」，人們才會明白「什麼是政治」，才會被賦予眞實的政治權利和積極參與政治（維護自身合法權益），也才能眞正實現名副其實的：民主政治！

時下的中國人出現不關心政治的主要原因有兩個：一是被共產黨政府（所謂「統治階級」）剝奪了政治權利（權力），或者只能被迫擁護共產黨政府（所謂「統治階級」）享有政治權利（權力）。二是不懂得政治是：一項維護自己切身利益的基本權利。或者說被共黨政府用虛假的社會學理論和政治輿論誤導了民眾的「政治價值」（政治是：一部分人對另一部分人的鬥爭，因此產生「逃避」）！

毫無疑問，剝奪中國人政治權利的首先是「馬列主義理論」，其次是「毛澤東思想和中國共產黨組織及其所有領導人」。只有徹底廢除「馬列主義理論」對世界政治基本價值的誤導（欺騙），才能解決中國人「不關心政治」（無權關心政治）的基本問題！

而否定「毛澤東思想和中國共產黨」對中國人民的統治是解決中國人民走向「民主政治」（管理自己利益）的核心問題！因爲眞正的民主政治不可以接受「一個階級統治另一個階級」，只應該接受「各類（各個）社會成員均有權力管理自己的合法權益」！

儘管這種管理通常需要「委託他人」，但只有借助「四權分立」的相互制衡機制才能眞正實現：保障委託人的合理利益！

二、誤讀「自由」，後果很嚴重

自由與民主一樣都被美國等西方社會推崇爲「核心價值觀」，但我認爲對於這些核心價值觀，西方社會存在嚴重誤讀。〈民主不獨行〉一文，提出了民主必須依靠「法治」爲中心才能充分體現合理與公正。同樣，對於「自由」而言，也必須依靠「法治」爲中心，才能充分體現合理與正義。自由，已被西方民主社會長期誤讀，後果很嚴重！

我認爲，西方民主社會對於「自由」的定義，存在兩個誤區，一是「自由無限」，任何人無權限制民間自由；二是「反府有理」，只要是反對政府的都應當支持和保護。我們知道，自由，可分爲行爲和言論（及思想）自由。首先應該明確，在西方民主社會絕對不可以有殺人縱火、搶劫強姦等行爲自由。也不可以有顛倒是非、污言穢語等言語自由。據此，「自由無限」不成立！至於「反府有理」，我認爲有兩種自由不應該被民主社會保護和支援：一是反對民主政府依法限制民間的不合理行爲；二是積極支持（幫助維護）專制政府強大的言論與行爲！

我們知道，西方民主社會十分重視言論自由，絕不輕易主張限制。但有一種「言論自由」，如果不進行限制，不僅會嚴重干擾民主社會的正常秩序，還可能徹底摧毀民主社會的根基！它就是代表和支持「專制政權」的言論自由，它是利用民主社會的「言論自由」去維護專制政權，也就是在支持（幫助或配合）專制政權打擊民主社會的言論自由。它等同於鼓勵和幫助「敵人強大」起來戰勝（甚至消滅）自己。我不明白，這種十分明顯的事務邏輯關係，居然未被西方民主社會理解和重視？至今仍在產生著巨大的危害作用！

我們看到，香港民眾爲維護公正與自由的行爲，招致了港府和中共政府的無情打壓。甚至出現了殘暴的血腥鎮壓，並且還在不斷升級。是什麼力量在支持和推動這種「反自由」的罪惡行爲的肆虐和升級？我認爲，它與西方民主社會「誤讀自由」的定義存在直接關係。因爲港警針對文明的香港民眾（學生）施以不斷升級的暴力行爲，得到了海內外「上億」中國人及利用一些國際輿論的支援。爲此，西方民主社會面對這些明目張膽的殘暴行爲，顯得十分無奈或束手無策！

毫無疑問，港警（司法）敢於在香港施以暴行，並且能夠不斷升級，僅僅是港府和北京政府的行政施壓，沒有大量的海內外上億中國人的強勢支持（或默認），絕對難以成行！如果說在中共強力控制下的中國國內民眾具有「被迫性」支持（默許）港警（司法）的暴行，那在西方民主社會出現的一些群體、媒體依然能夠大膽公開表示支持，實質上表明了西方社會在保護（默許）這種支持港警暴行的行爲！我們可以提問，西方社會如果不認同港警（司法）的暴行，爲什麼會對自己身邊公然公開支持港警暴行的行爲（人群）「無動於衷」？如果不能在自己身邊制止這種支持港警的暴行，何以遏制「遠處」的港警（司法）暴行？

毫無疑問，中共專制在自己統治的範圍內嚴厲的「限制異己」的言論自由，卻一直（從上世紀三十年代）在民主社會的心臟內（如國民政府管制區、美國和西方國家及現今的臺灣社會中）「強爭言論自由」。它這種流氓無恥的行爲一直未被西方民主社會限制，無疑是民主社會的悲哀！因爲這種流氓無恥行爲不僅嚴重破壞民主社會的正常秩序，還會逐步侵蝕或摧毀民主社會的政治根基！香港民眾文明的維護自己合理的自由與公正權益卻遭到了港府和中共的殘酷鎮壓，但在西方民主社會居然會有人可以公開表示強烈支持（甚至有人是在中共專制政府的操控下）？對此現象，說明中共流氓政權充分利用了民主社會對「自由定義」存在的模糊和偏見！

近年來，中共利用所謂「大外宣、孔子學院、五毛黨、黨控粉」等，在西方民主社會大肆鼓吹自己的「偉光正」，並竭力汙損西方民主社會。不僅造成了民主社會民眾基本價值的觀念混亂，還促進了中共邪惡勢力的不斷壯大，已經明顯威脅到整個先進文明世界的生存根基。我認爲，在西方民主社會，言論自由絕對不應該「支援專制、支持暴政、支持綁匪、支持流氓、支持腐敗」！毫無疑問，中國政府是被中共控制下的「專制政權、暴力政權、流氓政權、腐敗政權」。支持中國政府，無疑是在支持專制暴政、流氓腐敗！如果「支持者」不去明確區分「中國與中共」，就是故意混淆黑白，目的是顛倒是非！

我認爲，對於在西方民主社會直接、間接支持專制暴政、流氓腐敗的輿論行爲，可以（必須）採取分類處置。一類是媒體管制，主要有「收買控和五毛黨」，它們屬於「腐敗類與流氓類」。另一類是行爲管制，據說參與支持中共專制政府的「遊行者和組織者」，不少人具有居住民主社會的合法身分。這其中也有通過「政治庇護」獲得身分者，如果屬實，無疑應當以「特務或間諜罪」辦理！因爲他（她）們不只是欺詐，還參與了幫助「敵人」（專制暴政）強大實現戰勝或顛覆民主制度的作用！

還有一類是「輿論名人」，這種人通過大肆宣傳「共產專制」優越，或者歪曲汙損（誇大）民主制度的缺陷，實現自己揚名並獲利，卻將自己或直親移民民主社會。他（她）們屬於典型的「文化流氓」！這種「文化流氓」不加以嚴懲，危害極大！因爲這類「名人」具有廣泛的影響力，他（她）們可以鼓動起上億計的中國民眾起來反抗民主社會（如美日台政府），或者說服（馴服）中國民眾臣服於中共專制暴政！這類人與中共專制政府相互維護，通常會獲得巨額財富，且自己和直親還可以輕易脫身專制暴政的壓制。他（她）

們不被處罰，必定產生極其惡劣的示範作用！

關於「輿論名人」，近期接觸兩個典型資訊，一個是司馬南承認自己及家人都在美國生活，卻依然聲稱「反對美國霸權和支持中國專制」。我們知道，司馬南是在中國國內通過堅定支持「專制政權（毛獨裁等）」而享有盛名和財富的，從而才有條件讓自己和家人移居美國。如果他支持專制社會是正確合理的，有何理由移居「非專制」的民主社會？既然自己和家人樂意選擇移居美國，作爲中國的社會名人，有什麼理由不告訴中國普通民眾在「非專制」的美國生活的「特殊性」（必要性）？如果不願明確告知，豈不包藏禍心？！這種通過欺騙中國億萬民眾獲得名譽與財富的「文化流氓」，請問美國政府應該支持和保護他們嗎？這種通過強化中共專制社會弱化美國民主社會，卻被美國政府奉爲賓客，敢不承認自己愚昧可笑嗎？如此價值取向，豈不是在幫助專制中共（敵人）持續強大？

司馬南堅稱反對「美國霸權」，無疑與毛澤東等中共獨裁者的觀念完全同步（同調），其目的和作用是維護「專制政權」牢固和強大，以利於抵抗和消耗美國等民主社會的力量和資源！我們知道，「美國霸權」（強大），源於一戰之後，它在抵禦和消滅德國納粹和日本軍國的二戰中，產生了無可替代的作用！二戰後，「共產邪教」盛行，所謂「美國霸權」與前蘇共、中共、朝共、越共、古共的抗爭一致在持續。如果沒有「美國霸權」，今天的美國不會被「美共」吞沒？請問司馬南，沒有美國霸權，你和家人今天還有機會在美國享受「民主自由」嗎？如果司馬南堅持認爲美國不應該「霸權」，請帶著你的家人離開！如果你和家人願意在民主自由的美國生活，請你公開對廣大的中國民眾說：不可以支持「中共專制」，應該支持「美國霸權」！否則，美國政府和人民應該請司馬南及家人離開美國！我想，他就是「美國霸權」最應該體現（針對）的對象！我在此告訴司馬南，在全人類沒有完全消滅各種專制暴政、恐怖組織、流氓和綁匪政權之前，任何人沒有資格反對「美國霸權」！因爲她是可以帶領人類明確抵禦和徹底消滅「共產專制」的唯一支柱，絕對不可以被削弱和貶損！

另外，聞得董卿鼓勵中國兒童「愛黨愛國」，卻被無數中國民眾指責將自己孩子生在美國。其實，同司馬南相同，董卿也是中國的文化名人，且通過支持和頌揚「中國政府」（中共專制），獲得名譽財富。她將自己的孩子放在美國，無疑認爲美國的民主社會利於孩子，卻鼓動別人的中國孩子「愛黨愛國」。她不是在故意欺騙那些孩子，便是在羞辱那些孩子的父母！羞辱他（她）們的父母，不會做「兩面人」，不會欺騙普通平民，不會攀附專制強權。以至於無名無財，無法被生長在美國自由的民主社會，難免貧賤受欺！像董卿、司馬南、宋魯鄭、劉欣等人，利用鼓吹「中共專制優秀」，欺騙普通中國民眾而獲得名譽和財富後，將自己和（或）家人移居民主社會的「文化流氓」，在西方國家應該爲數不少。我不認爲西方民主社會可以容忍他（她）們「心安理得」。公正的態度應該是，他（她）們若堅持過去的行爲和觀念，理應離開民主自由社會！如果願意改變原有的行爲和觀點，公開反對「中共專制暴政」視爲棄暗投明、將功補過！

「自由、民主」，分明被西方社會嚴重誤讀！這種誤讀，導致長期被中共專制政權所利用，從而促使中共專制政權不僅「戰無不勝」，還不斷興盛強大！敵人的強大，無疑會增加了消耗自己的能量。如果在自己「體內」培育著滋養「病毒」的原料，豈不是在消耗自身的「生命力」？請問，在自己家裡（身體內）養護著爲敵人輸送戰略物資的「隊伍」，你能戰勝對手嗎？誰是聰明人，誰是愚蠢者，還需論證嗎？西方社會唯有堅定不移、毫不留情的全面清除、打擊支持和維護各類專制政體的各種輿論勢力，最終才能解救香港民眾、中華民族及維護世界和平！

三、民主不「獨行」

有一部被稱爲是當代政治學研究的經典著作，《從投票到暴力：民主化和民族主義衝突》，作者傑克·斯奈德，是美國哥倫比亞大學政治學系教授，也是當代國際關係學界的泰斗。書中提出在民主化（投票）轉型過程中會出現「民族衝突」從而導致民主制度的失敗，作者指出，「民族主義狂熱和族群暴力並非源於敵意文化間的『古老仇恨』，而是由於精英階層爲維持現有統治秩序所做的冒險決定。」（源引自互聯網）

雖然我不能說作者的觀點是錯誤的，但我認爲，僅依靠作者的觀點不足以讓人類消除或應對「民族衝突」的發生！作者與其他研究「民主轉型問題」的學者一樣，沒有明白「民主不能只是限於投票」，民族衝突的根本是民主依附了什麼樣的「載體」，是的，民主需要依附「載體」作保障！

首先，我們應該明白什麼是「民主」？也許不少人都認爲它就是「投票權」，我認爲這太粗淺了。關於「什麼是民主」，香港大學政治與公共行政學系教授陳祖爲、香港城市大學專上學院社會科學杜浩邦有這樣解讀：「民主是建基於政治平等的集體決策模式，民主是一種集體決策模式，民主的核心理念是每位公民都有平等參與公共決策的參與權」。（源引互聯網）

我認爲，「民主的定義」可簡單表述爲：民眾主張。或謂：現實社會群體利益申訴或意願維護的集中表達。它可以通過「投票、語言、行動」來實現。也就是說民主不可能是「個體行爲」，它是「個體行爲」的集中表達。如，爲了某一訴求的「集體下跪」，爲了維護（或爭奪）領土、人權及財物的「集體武裝」，中國文革中群眾集體參與「打倒劉鄧」，社會群體的上街遊行等等，都是一種「民主意願」的表達——「集中表達」不等於「意願一致」！

我認爲，在現實社會中，尤其在選擇社會制度建設中，民主通常是通過一種「載體」去實現作用。即通過載體體現的「民眾意願」既可以作用到其他群體（或個體），也會反回來「作用」於自己，它可以對自己「有益」，也可能對自己「有害」！如二戰時期德國和日本國民對政府「軍事行爲」的支持，以及所有建成了「共產制」國家民眾對馬列主義或共產黨的支持，這些「民主」（意願）的最終結果都是對「支持者」有害無益！那麼，什麼樣的「民主才是有益」的呢？

我認爲在現實社會中，民主意願主要通過三種「載體」來體現，一是武力（軍力或暴力）；二是教力（教義或信仰）；三是法力（法律與法體）。很明顯，「教力」優於「武力」，「法力」優於「教力」！如果用「社會制度」來對照，奴隸制可對應「武力」，封建制可對應「教力」，而憲政制則對應「法力」。「教力」比「武力」文明，「法力」比「教力」公正，它們顯示出不同的社會「文明層級」！——需要明確，「武力與教力」會（能夠）相互依靠或轉換主導性。

事實上，上述三種社會「制度價値」在當今世界都以不同程度的存在。以軍政府（軍事手段管理）主導的國家，便屬於以「武力」主導的政府。而建立在「司法獨立或四權分立」基礎上的國家，則是採用「法力」主導的政府。依靠「說教和社會輿論」主導的國家，便是借助「教力」主導的政府。換言之，不依靠「理論說教和司法公正」主導政治的政府，也有人稱爲「威權政治」，如俄羅斯的「普丁政治」。馬列共產主義社會，通常會建立在「教力主導」之上。它會全面的操控社會輿論，採用樹立「領袖語言」來主導社會動向。它更會強力排斥「法力主導（司法獨立）」，自然不可能建設成爲公平公正的文明社會！

這就是說，這些不同的政治價值都需要一定的「群體意願」去支持，甚至還可能是通過「投票」產生的（如納粹德國的希特勒、俄羅斯的普丁）。爲此，「投票」不是民主的唯一根本特性，只有當民主與「法力」（法律與法體）充分結合了才能充分體現出「公正」（先進或科學）的民主政治！或者說，民主從不同的「政治角度」會提出不同的「依據」！人類應該推崇和建設依存於以「法力」爲核心的民主政治，而非以「威力或教力」爲核心的民主政治，因爲後者難以保障（或會忽視）「公正」，也就容易產生價值混亂，或導致「民族衝突」！

毫無疑問，「民族衝突」是當今世界面臨民主轉型的重要問題，如果沒有探明眞實原因，不僅影響民主化轉型的成敗還可能阻止一些國家的民主化進程（轉型）！回到《從投票到暴力：民主化和民族主義衝突》中提出的「精英遊說論」，可以肯定，精英在民主化改革中具有重大的作用，這種作用便是「引導民眾投票的方向」。這是因爲普通民眾面對社會政治和經濟發展的綜合主張（決策），多數缺乏判斷和預見能力，只能依靠精英引導。然而，「精英」也會存在認知局限或故意誤導，從而產生與投票者「意願」不符甚至完全相背的結果。如二戰時德國民眾及日本國民對政府「支持信任」的結果，絕對不符合民眾的先期意願！另外，所有支持推行「馬克思主義公有制社會主義」國家的民眾，也會對最初的選擇抱以怨恨或疑問！

毫無疑問，「精英」會成爲影響民主化轉型的重要因素，但更重要的是應該明白什麼樣的精英行爲才能減少或消除「民族衝突」。前面提到民主會依附於「武力、教力、法力」三種載體。這就是說，某個國家或地區的精英用不同的「政治力量」（意願或主張）引導社會民眾將決定其「民主走向」。通常，以「武力」主導的是推「強國」（民族主義）引向「強權」（如前德國和現代俄羅斯）。以「教力」主導的則常推「救主」（理想主義）引向「極權」（如共產制國家）。而以「法力」主導的則推崇「公正」（法治主義）走向「分權」。三種不同的社會精英，在引導民眾走向民主化過渡中若「武力與教力」的力量出現「內裂」，即非「一方獨大」則民族衝突將易出現。反之，若以「法力」（公正主義）爲主導的力量超越了「武力與教力」則有益於順利實現民主化轉型！

民主需要依靠「法治」，因爲民主的核心價值是要（應該）充分體現社會公正！何爲「法治」？難道只要制定了「法律」就可以保障「公正民主」？絕對不是，唯有建立在「法理、法律、法體三者公正合一」之上的法律制度才能充分實現對「公正民主與自由民主」的保障！那什麼是「法理」？基本原則是「人人平等」或「權力與責任對等」！建立在「權力與責任對等」之上的「法律」才是公正的，但若沒有相互制衡的三（四）權分立的「法體」做依靠，雖有公正的法律也難以保障法律的公正實現！因此，公正的法理、法律、法體三者的「三法合一」才是保證「民主制度」的根本，也是減少和避免「民族衝突」的根本依靠！總之，「民主投票」不能單獨成爲（構成）「合理的社會制度」！

四、自由，該如何認定

美國被公認爲「自由的國家」，但究竟什麼是「自由」則各說不一。不僅造成國際上政治制度的混淆，也影響著無數民眾的認知價值標準。經常有人會借用個別名人的簡單話語來詮釋「自由的含義」，其實質，則是在用一種極其偏執的語言在「曲解自由」！

譬如，有人會引用喬治奧威爾的直白定義：「自由就是說『不』的權利。」而多數人會引用據傳是伏爾泰的名言：「我並不同意你的觀點，但是我誓死捍衛你說話的權利！」顯然，這些語言都不是一種公正合理（全面）的學術論證，只是一種粗糙（偏執）的「形象表達」。

我個人認爲，自由涉及每一位社會成員在現實社會中的基本權利。它包括：言論、思想、行動（行爲）、信仰等基本自由。如何才能保障好每一位社會成員的各項「合理自由」，必須要建立在「縱橫平衡」（多維空間）的社會價值架構之上。縱向是指政府與民眾之間（含政府部門之間）的平衡，橫向是指民眾的不同群體（民族）之間及個體與個體之間的平衡。

首先，自由不應該是從別人那裡獲得，而是從政府手中獲得。如何才能從政府手中獲得？只能是反對和推翻「極權專制政體」才能獲得！其次，自由的個體不可以（不應該）剝奪另外個體的自由，因此，自由是有限的！民眾對政府而言，必須徹底推翻（各種形式）「專制極權」才能獲得社會自由，而民眾與各種社會群體之間必須相互尊重對方的「正當自由」才能實現公正合理的自由（產生和諧的社會秩序）。因此，如果只是可以說「不」，或者只是「捍衛別人說話的權利」都是無法很好的表明「自由的權利範圍」！

自由，不僅包括思想和言論自由還有行爲自由。如果可以任意說「不」豈不是可以「胡作非爲」？這自然無法從任何政府手中獲得，因此，不利於實現眞正的「社會自由」！民眾之間的相互尊重，自然會包含「相互尊重對方的自由」。但是，如果可以接受對方「顛倒黑白的言論」，不僅無法維護正義還會產生攪亂社會文明秩序的效果。譬如，一些專制政權的發言人，長期在各種社交和國際媒體（或者聯合國國際會議）上公開發表的「不實之詞或顛覆正義的主張」，也是可以被「誓死捍衛」嗎？！

對於這些愚昧可笑的「名言崇尚」，我不知用什麼語言來形容？其實，自由首先就是不容許政府「獨斷專行」，需要限制政府的「權力壟斷」。需要實行社會政治利益在「行政、立法、司法、媒體」四權上的相互制衡（平衡），唯此，才能充分釋放出民眾的各種合理自由。其次，自由是不可以在民眾之間相互剝奪，或者說，民眾（民族）之間應該互相尊重對方的公正自由，即自由不是「無限釋放」更不可以「顛倒黑白與胡作非爲」！

美國無疑是「自由的國家」，但也是嚴重「誤讀自由」的國家！因爲美國可以允許「支持專制政治（政權）的言論傳播」，這無疑是對「言論自由」的嚴重誤解！也是導致當今世界各種「專制政體」無法順利改變（被推翻）的重要原因之一！自由是有限的，它首先應該限制的就是「支持維護專制政權的言論自由」！美國在實行「民主自由」，似乎又有力量在阻礙民主自由的「合理（或全面）推進」！換言之，在美國社會中不能全面限制非正常（不合理）的言論自由，等於美國社會（政府）也在妨礙民主自由在全人類的徹底（全面）推進！

五、「民主與人民」的基本價值都已被中共徹底顛倒

2022 年 6 月 4 日美國之音「時事大家談」節目報導，有專業民調機構結果顯示：中國民主高於美國！（見下面附圖或連接）如果這一結果是來自「中國人群」的眞實反應，我認爲主要出於兩項原因。一是中共政府始終在「歪曲民主」的眞實含義；二是西方社會並未徹底「探明民主的系統（結構）價值」！從而讓中國民眾對「民主的眞實內涵」形成了嚴重誤解！

民主联盟基金会、德国拉塔纳数据跟踪公司民调:
民主指数
中国 83%
美国 49%
VOA卫视

6/4【时事大家谈】中国忽然"民主"了 六四成了历史烟云?
27,953次观看 #时事大家谈 #六四 #民主
308 踩 实时聊天 分享 下载 保存
美国之音中文网
143万位订阅者
订阅
评论 222
添加评论...

〈民主不獨行〉一文，表明民主應該建立在「系統架構」之上！即民主應該與「司法公正」高度結合，因爲民主「需要集中（被代理）」。而代表民眾行使職權（維護自己權益）的人員或組織通常

需要被「眞實授權（投票產生）」。同時，民眾自己還應該具備監督、評價和撤銷代理者的權力（有效機制）。對於代理自己行使維護正當（公正）社會利益管理人員（或組織）的產生、監督、評價和撤除（罷免），通常需要獨立的「仲介仲裁」機構參與，這個「仲介機構」離不開「司法公正和諮詢透明」（司法獨立和媒體獨立）！

然而，我們見到，所有推行「馬列共產社會主義（公有制）」的社會，都會排斥「司法公正和諮詢透明」。因爲司法公正既需要「司法獨立」，也需要「輿論監督」（諮詢透明）。當失去了「司法公正和諮詢透明」後的民主，一定是「假民主」！因爲承擔社會公眾利益管理的人員或組織（黨派），至少需要具備「公正信念、明辨是非、輕薄物欲、隔斷親情」的四大定位才能體現出「公正廉明的民主管理」。然而，現實生活中有幾人可以具備這樣的基本條件？即使存在極少數這樣的人士，請問「如何產生或有效尋得（更難持續維護）」？

依靠堅實的「公正司法和諮詢透明」，是人類可以提高民主政治合理性與有效性的唯一途徑！然而，在中國始終沒有建立起「公正司法與諮詢透明」的共產專制之下，有中國民眾居然會得出中國符合「民主政治」的標準，敢問這些中國人能夠明確告訴我們「什麼是民主」嗎？我個人覺得，即使是專業人士也未必眞正明白「什麼是民主」！換言之，那些去進行民意調查的專業機構和個人，敢問你們能夠明確告訴我們：什麼是合理而有效的民主政治？

據此，我覺得，不只是中國人「不懂民主」，那些參與民調機構的人士也不懂「什麼是民主」！「什麼是民主」時常成爲不少人的疑問，中共政府自毛澤東主政開始便將其解釋爲「人民當家做主」。由於「人民」一詞是集合概念，因此毛澤東政府又將自己定義爲「人民代表（救星）」。「人民代表代表人民」豈不順理成章？毫無疑問，中共政府（包括毛澤東個人）根本不具備對「民主政治」定義的解釋權（資格）！因爲他們自己不僅從未讀懂過「民主政治」的眞實含義，甚至始終在剝奪中國民眾的「自主權利」。道理很簡單，「共產」就是剝奪廣大社會民眾掌控自己「財產或生存利益」的基本權利，廣大民眾連基本生存權利都被「共產黨」控制，敢問中國民眾是如何行使保障自己「自主權利」的？沒有條件參與選擇、監督、評價和罷免主宰自己各種社會基本利益的「政治官員（含最高領導）」，只有資格去配合政治官員參與打壓維護自身合理權益的其他民眾，就認爲自己擁有了「民主權利」？這種「民主」不僅僅體現出民眾的愚蠢（或野蠻），還可能製造出嚴重的民族悲劇，也在促成政府和政治官員（政治領袖）的犯罪：漁肉和愚弄百姓！

當民主被「人民代表（政府官員）代表」後，政府、政治官員、政治領袖便成了「人民的主人」，等同於「奴隸主」。而「一個個」具體的社會人又成了什麼？豈非奴隸？在中共（共產制）統治之下，任何「個體」都無權代表「人民」（自己）。在這種社會制度中，當任意個體的利益訴求與政府、政治官員、政治領袖不一致時，這「任意個體」不僅失去了「民主（自己）」，連自己「做人的資格」也不會存在！在中共統治下，有幾多中國人明白，自己連「做人的資格」都不具備了？美國社會具有不被政府（總統）完全控制的「獨立司法和媒體」。普通民眾（個體）享有通過尋求獨立的司法機關和自由媒體申訴利益保障的「側面管道」，能夠有效降低政治官員（政府）對普通百姓各種社會利益的不合理侵蝕或偏向壓制！

然而，讓中國民眾可以維護利益訴求的「公正司法和透明媒體」卻全在中共政府的控制之下！普通百姓沒有權力大膽公開指責（評價）「政府官員（偉大領袖）」。更不具備司法機關可以公正審判「政治官員（偉大領袖）」的各種犯罪行爲！當普通百姓失去了參與評價和選擇「政治領袖」的權力時，請問，這種社會是「民主」還是「官主」？當有些百姓仍將其「表述爲民主」，請問，參與民調的機構有資格與理由去接受和認定他們的「價值表述」嗎？

即使美國民主存在「缺陷或倒退」，但絕對不應該得出「中國民主高於美國民主」的荒唐結果！因爲，它不是「民意測驗」可以解決（回答）的問題，它分明是需要「理論解讀（探索）」的課題！

六、「全過程民主」是政治霸權下的信口雌黃

中共在習近平的領導下，針對以美國爲主的民主政治力量的抗爭，創生了所謂「全過程民主」名詞。毫無疑問，這個所謂「全過程民主」是在政治霸權下的信口胡說！

習近平政府針對自己提出的所謂「全過程民主」有這樣描述：「實現了過程民主和成果民主、程式民主和實質民主、直接民主和間接民主、人民民主和國家意志相統一，是全鏈條、全方位、全覆蓋的民主，是最廣泛、最眞實、最管用的社會主義民主。」毫無疑問，這種描述除了羅列一堆模糊籠統詞彙，毫無具體含義！我們知道，以美國爲主的西方民主包含了廣大普通民眾享有「選擇、批評、罷免、審判」政府官員和政治領袖（精英）的具體實施權利與條件（保障機制）。同時，政府官員和政治領袖還需要透明自己的財產、歷史和社會關係。因此，他們會儘量去平衡各類人群的利益訴求，譬如盡力維護和縮小不同社群的政治與經濟差距。也就是說，以美國爲主的西方民主是建立在維護廣大普通民眾具體利益之上的，而習近平（中共）所謂的「全過程民主」全是建立在空洞的口號之上！不但沒有體現出維護普通民眾利益的具體內容，反而透露著是在竭力維護「共產權貴」的核心利益！即這所謂「全過程民主」除了體現著儘量維護和維持「共產權貴的優勢地位」，與提升和維護中國十多億普通民眾的實際權利毫無關係！這種所謂「民主」離開了霸權（綁架人質）誰會選擇？誰不應該選擇？

民主，是人類社會文明進步的重要標誌，它的基本價値是廣大普通民眾的政治地位不可低於各類政府官員和政治領袖！脫離了廣大普通民眾能夠享有大膽選擇、批評、罷免、審判政府官員和政治

領袖的實際權利，只是享受了被空洞的口號宣揚的「所謂民主」豈非是「強盜民主或綁匪民主」？

在廣大普通民眾充分享有了選擇、批評、罷免、審判政府官員與政治領袖的現實意義，民眾的政治和經濟地位才能得到合理保障（或提升）！按照現有國際標準，在普通民眾充分享有選擇、批評、罷免、審判政府官員和政治領袖的國家，社會底層人民的政治和經濟地位才能得到實質性提升，而上層社會人士的政治和經濟地位也才能夠受到有效的合理限制（或降低）！

中共政府不許廣大普通民眾充分享有選擇、批評、罷免、審判政府官員和政治領袖的權利，只能用空洞虛幻的口號來「強姦民主」！十分明顯，中共的所謂「全過程民主」就是名副其實不折不扣的「綁匪民主或流氓民主」！既不能體現出實際（現實）意義也無法坦然面對理論應證（論證）！

沒有實際意義的「全過程民主」能夠被堂而皇之的在世界各地宣揚，足以證明成為了「綁匪政府或流氓政權」的中共多麼強大與張狂！也充分佐證了西方政治力量的虛弱和無能（無知）！更體現著十幾億中國民眾的愚昧、軟弱和無能，他們在不被享有真實民主的條件下卻要被迫接受（享有）「空洞民主」，可悲可歎！

七、自由與民主的核心價值與實質意義

在中國社會，有一種聲音「義正詞嚴」的指責主張採用「分裂方式」去推動中華民族的民主政治文明進步。他們常常會將後者表述爲「漢奸或遺忘祖宗」，我認爲，這種表述是非常愚昧落後的！

首先，人類文明己經進入了以「自由與民主」爲核心的社會層級。而「自由與民主」的實質不是只會體現在普通民眾（公民）的行爲保障上面，它還包含地域、種族、國家間的相互關係。地域、種族、國家間的歷史，無論優劣都需要接受「自由與民主」價值的核對和規範。美國的自由與民主始終體現在兩項層面中，一是民眾（公民）的「自主權利」；二是地區（各州）的「自主權利」。什麼是「自主權利」？簡單理解就是「自由出入」！

民眾（公民）享有了「自主權利」就是能夠「自主取捨」，而地區（各州）享有「自主權利」也是可以「自主取捨」。明確講，普通公民享有「自主權利」不僅可以自由出入國門和選擇國籍，也可以自主參與或放棄選擇國家領導和法規制定的重大事件。而地區（各州）享有「自主權利」不僅可以自由選擇國家，還可以自己制定一些政策法規。換言之，眞正「自由與民主」的核心價值，就是要徹底摧毀「傳統的極權政體」！它是必須建立在全方位（立體化）的綜合意義之上，絕對不應該是「單一性質」的！

時常會見到，有許多華裔中國人和臺灣人，公開表示對「中國共產黨」的支持。這些人如果不是爲了維護自己的一些無奈或投機的「現實利益」，必是愚昧無知！因爲，如果這些人眞正接受了中國共產黨的領導（統治），自身的諸多權利立刻就會被剝奪！這些權利包括：選擇執政黨及其領導人的投票權，公開大膽指責執政黨及其領導人錯誤或犯罪的言論權，自由（免簽）出入 100 以上外國的遊客權，參與質疑（叱責）執政黨及其領導人後仍可輕鬆出入國門及保持正常生活權，享受教育、醫療、養老、就業等基礎生活待遇的平等保障權，（或者）擁槍權等等。

積極擁護和支持「中國共產黨的領導」，不是維護正義只是爲了享有一些社會權利，這種人不僅是「投機分子或奴才」，還是參與「共產權貴絕對利益」維護的罪人或幫兇！因爲，如果沒有這些「奴才和投機分子」的支持，中國共產黨欺壓民眾的行爲才容易被揭穿和阻止！愚昧無知是需要啓蒙和學習的，全面禁止支持和維護「專制政體」的言論（著術或輿論）傳播，是有效啓蒙愚昧無知人群的重要前提！

社會中，曾經有一種聲音稱：「民主不能當飯吃！」如果「失去民主」（反對共產黨執政的權利）便被剝奪（或降低）正常的就業、教育、醫療、養老等資格，請問，「民主不能當飯吃嗎？」這種不懂什麼是「眞實民主及民主實質作用」的聲音，有什麼資格評定人間是非？！

另外，在此還敬告習近平，中國在中國共產黨的統治下始終沒有資格參與「世界遊戲規則制定的權利」！美國之所以始終會成爲「世界遊戲規則」的制定者，是因爲她不可能出現「一個人說了算」的情況。但在中國共產黨統治的中國「常常會是一個人說了算」，請問，你有什麼資格爲世界（整個人類）制定「不合理的遊戲規則」！世界人民憑什麼要接受由你一個人制定的「不合理的遊戲規則」？！

八、「普丁大帝」是民主政治的怪胎

普丁發動了俄烏戰爭，一定是對人類文明秩序的嚴重破壞！這場戰爭會造成多大災難還無法衡量，但普丁會同希特勒、列寧、史達林、毛澤東、鄧小平、習近平等人一樣，被確定爲破壞人類文明進步的罪犯！

破壞人類文明進步的方式主要有兩種，一種是發動國際戰爭造成重大人道災難，另一種是強力推行國家極權肆意鎮壓諸多國內民眾（民主力量）。爲此我們應當明確，以推動和維護「民主自由與社會公正」爲目的有限戰爭，及阻止發動國際戰爭的行爲都不應定爲「破壞人類文明進步」！二戰期間的希特勒和現今普丁發動的國際戰爭，都不是以推動和維護「民主自由與社會公正」爲基本目的，而是以推動和維護「強權政治與大國價值」爲目的。它是對人類文明價值的嚴重破壞，更是在嚴重攪亂現實社會的和諧秩序！

普丁從執掌俄羅斯政局以來，一直在國內外推行「強權政治和大國價值」。這種政治行爲，顯然與推動和維護「民主自由與社會公正」的核心價值相違背！俄羅斯民族（民眾）和國際社會的長期容忍，無疑助長了普丁政治的「帝國意識」。肆意推進「大國價值」成爲普丁發動俄烏戰爭的意志主導，而任何以「強權政治和大國價值」主導的國家政局都有可能演化成「人類災難」！

我們知道，普丁政治是在廢除了前蘇聯「共產極權」之後的產物，他是通過「民眾投票選舉」而產生的總統。但他通過自己「修改憲法」等違規操作實現了持續連任，並且在國內嚴厲打壓（或限制）「異己和公正輿論」。這些行爲既是對民主政治的扭曲破壞，也是對社會自由的嚴重侵犯！普丁之所以能夠倚靠「民主政治（漏洞）」實現自己的長期執政和維持極權（威權），除了俄羅斯民族（民眾）保有落後文明的「大國情結」，還與西方民主社會的「建國理論」（制度理論）不夠完善相關！

長期以來，通過「民眾投票」選出行政長官便被理解爲實現了「民主政治」（民主制度），事實上它是一種嚴重誤解！我認爲，眞正意義的「民主政治」必須建立在「民主自由和司法公正」相結合的綜合性質之上。即「民主與自由」不僅應當同時得到體現，還應該加入「司法公正」去維繫民主與自由的公正性。因爲「民主政治」主要應該保障「執政爲民」，而「自由政治」則主要是釋放「民眾自由」（社會自由）。由於單純的「民眾選舉執政官員」並不能夠充分保障「執政爲民」，需要「同步強化」對執政官員的產生、監督、免除的整個過程實行機制性保障！

毫無疑問，民主政治不僅不能建立在單純的「民眾投票」含義之上，還應當與充分釋放「民眾自由」和「司法公正」密切結合！因爲只有通過充分釋放「民眾自由」才能促進社會活力及強化民眾對政府的監管。而「司法公正」（須司法獨立）不僅能夠保障民眾自由的公正性，也能夠強化政治權力的公正性。換言之，民眾自由通常會出現「縱橫矛盾」，縱向會與政府部門發生矛盾糾紛，橫向會出現民眾（民族）之間的各類矛盾糾紛。這些糾紛僅僅依靠「行政解決」顯然不能充分體現公正性，因爲「行政人員（或機構）」常常會是當事一方。據此，司法機關的獨立性和權威性「公正介入」，才能充分彰顯社會事務的公正性！

西方社會雖然建立起了「三權分立」的政治制度，但「三權」的相互權責並不清晰。行政和立法機關（人員）體現出越權（越位）及司法機構的弱勢非常明顯。這種權責界限定義不清所導致「行政越權」的極端性效果便會出現：形式民主與實質極權。「普丁大帝」的形成和演化，便是通過典型（或極端）的「行政越權」形成的：

形式民主與實質極權！無疑的，「西方民主政治制度理論」缺乏合理的系統性架構，必然會產生出各式各樣的「畸形兒」！「普丁大帝」一定是民主政治最極端化的「畸形兒」，如果我們不能充分認清這種虛假的「民主政治」產生的實質原因，自然很難消除這類嚴重危害人類社會文明進步的政治機制！

九、極權國家需要「創建司法獨立」，民主國家需要「升級司法獨立」

我們應該明確，人類社會的文明進步必須能夠充分體現出提高「社會利益的公正性」。奴隸制社會自然沒有體現出社會利益的公正性，極（集）權階級制度也不可能體現出社會利益的公正性。十九世紀產生的「馬克思主義或共產主義」也沒能（不可能）體現出社會利益的公正性，因爲在現實實踐中它只能建立在「暴力政治和極權政治」之下。美歐等西方國家建立的「民主政治」依靠了政治「三權分立」爲核心基礎，有力（有效）地提高了社會利益（政治）的公正性！

如果說（狹義的）奴隸制社會是以「出生階級」區分社會利益，（狹義的）極（集）權制度是依靠「權力階級」區分社會利益，而民主制度則應該是依靠「司法公正」去維護社會利益！或者說，奴隸社會主要是以控制社會財富（財產）去區分社會利益，極（集）權制度主要是以控制社會權力去構建社會利益，而民主制度則主要是依靠「公正機構」爲核心去維護（平衡）社會利益。這種公正機構，通常表述爲「政治三權分立（司法獨立）」。

時下的中國、朝鮮等國家是以「馬克思主義或共產主義」去創建和維持的社會制度，這種制度只能建造在「暴力政治或極權政治」之下，因此，它會強力排斥「政治三權分立或司法獨立」。毫無疑問，建造在「馬克思主義或共產主義」斷面或虛幻理論之上的社會秩序只能強化「社會階級」，不可能提升（或突顯）社會利益的公正性與公平性！它只能建造在「現代極權與奴隸暴政」制度之下，絕對不會推進先進文明！

然而，我們見到，西方民主國家雖然依靠「政治三權分立」堅實的基礎建構提升了社會利益的公正性與公平性，但依然存在不少嚴重缺陷。究其原因，應該是「司法獨立」需要升級強化！譬如，從一些「大法官」的產生機制上，我覺得存在需要改進升級的必要。首先，應當儘量削弱（或排除）由行政長官任命而改進爲強化「民主選舉」的機制。其次，應當弱化「終身制」而改爲「年審制」（或數年一審）。第三，應當以「專業性和公正性」爲重要任免標準，弱化「性別與種族」等因素（性別與種族權益應主要通過「議會立法」去維護）。第四，需要提高「審判功效」，即各類司法人員需要學會運用「多因邏輯」進行司法審判。我相信，通過改進重要司法人員的產生和昇華條件，一定能夠提升西方民主社會司法制度（或社會利益）的公正性與公平性！

爲什麼西方民主國家需要「司法獨立」的升級？因爲我們見到在許多重大的社會事件中，公正的司法審判「嚴重缺席」！譬如「選舉過程的公正性、強制疫苗的公正性」等等，都體現出司法審判的「嚴重缺席」（或執政與立法權力的「越位」）！這些重大的社會事件不僅在長期攪亂著西方社會的文明秩序，也在困擾著無數追求先進文明的「渴望之心」！

如果能夠有效的提升西方民主國家社會利益（政治）管理的公正性，無疑會強化對中國、北韓、俄羅斯、阿富汗、伊拉克等國家政治制度的改造或改良。實現對這些國家政治制度的改進或改良，自然有利於促進整個世界的和平穩定！美國曾經成爲世界文明的燈塔，如果能夠改進（提高）自己的「社會公正性」（或和諧性），自然還會繼續成爲引領世界文明進步的燈塔（模範）！反之，依據「不進則退」原則，如果西方民主國家不提升和改進自己的「政治公正性」，必定會出現不同程度的：倒退現象！

改變中國需要改變世界，爲什麼俄羅斯、伊拉克、伊朗、阿富汗、委內瑞拉等，沒有順利的走向眞正的「文明民主社會」？我認爲，與西方民主國家的「建國理論」沒有建築在「系統性綜合協調標準」之上。被西方國家推動的「民主政治改革」，自然會參照西方民主國家的「制度標準」。由於西方民主國家的「建國理論」存在一定程度的「模糊不清」（斷面或切割性），必然會造成追隨者對「民主政治」的具體內容進行選擇性改革。這些「選擇性改革」，必然會產生出各種不同的改革結果。譬如，應該將「民主自由與公正司法融合爲一體」，但現實狀況，卻無論是在理論上還是實踐中都隨時會出現「分離狀況」。這種缺乏綜合協調體系標準的政治價值，豈不容易導致現實社會出現各種混亂局面？

基於這些原因，如果不能建立起具有「系統性綜合協調標準」（或改進提升後）的民主政治理論體系。我們很難相信美國等西方社會的文明秩序能夠得到改善，更難相信中國、朝鮮、古巴、阿富汗、伊拉克、伊朗、委內瑞拉、俄羅斯等國家的社會制度能夠順利和成功的實現「文明民主政治制度」的改革！

十、民主政治的基本原理與系統標準

「多因社會學」：將人類社會秩序引出混沌！

一、人類和平需要消除「對立」，消除對立需要「文化更新」！

顧名思義，「多因社會學」就是運用「多因邏輯原理與標準」去理解和處理現實社會的各種基本問題。也是由於現行的社會學標準存在缺陷導致諸多嚴重問題始終難以破解，唯有依靠完善的「多因邏輯」原理和標準才能提升對現有各類社會矛盾衝突的化解！因爲落後和虛假的「邏輯文化」不僅可以妨礙先進文明的進步，還會成爲掩蓋「罪惡文化、罪惡制度」的幫兇！而「罪惡文化與罪惡制度」會綁架無數人參與罪惡行爲！它是一種無人不被「綁架或傷害」的社會秩序，因爲它主宰（牽制）著無數人的精神願望和物理環境！

毫無疑問，當今世界存在許多未解難題，尤其是中國與美國的「對立性」矛盾可謂世紀難題！除了在政治、經濟、科技、軍事上存在嚴重衝突，在文化價值理念上自然也存在嚴重分歧和對立。我認爲，首先必須在文化價值領域實現化解差異與分歧才能逐步在政治、經濟、科技、軍事等領域削減衝突。

西方文化的邏輯基礎是「演繹法和歸納法」，而中國文化的邏輯基礎是所謂「辯證法或陰陽法」。現行的中國政治文化和社會學標準主要依據所謂的「馬列主義和毛澤東思想及鄧小平理論」等中共學說，這些學說的邏輯基礎大體上是依賴黑格爾的「對立統一辯證法」。然而，原始的黑格爾「對立統一規律」只是建立在哲學思辨（抽象理念）意義上的，無法在具體的現實事物上得到合理驗證。

隨後產生的達爾文「生物進化論」無疑也影響了馬列主義學說的創立。但達爾文的「自然進化」學說也是建立在「現象歸納」論證上的，依然缺乏具體充分的現實實驗驗證，其中的虛假錯誤和模糊因素（成分）同樣存在！

非常明顯，兩個直接影響和決定馬列「共產（社會）主義學說」的核心基礎都是存在嚴重瑕疵的。尤其是黑格爾的「對立統一規律」無疑是嚴重錯誤的，因爲矛盾著的事物雙方如果不是「一方吃掉另一方或同歸於盡」只能統一（並立）在「對稱狀態」！就現實社會的中美對立而言，如果不是「一方吃掉另一方或同歸於盡」，只能選擇「對稱統一」（平等或平衡統一）！其次，達爾文的生物進化更不存在「必然性」，或者說「是否進化」取決於環境條件的作用。通常情況，各種生物需要具備對其所處環境的：適應能力，如果環境條件利於它優化便會產生「進化現象」。如果環境條件會傷害它的正常生長（或生存），它便會出現「退化現象」（甚至滅亡）。譬如「狼孩現象、一些物種滅絕及各種嚴重的病變現象（如癌症和病毒侵害）等等」，都是因爲環境條件影響而導致其「退化」。忽視環境對生物特性的影響作用，只是單純的去收集一些所謂的「進化現象」是達爾文進化論的邏輯狹隘！自然，也是由於人類判定是非曲直的邏輯知識標準存在嚴重缺陷！

人類是自然界的特殊生物，因爲他們不僅具備適應環境也會具有改變環境的能力或功能。因此，「人性」是需要進行特別認定的。由於「人性」對人類社會秩序起著至關重要的作用，對它的明確無疑十分必要。馬列主義顯然迴避了對這一重大問題的明確認知，而是依賴所謂「進化論」去忽略了對它的眞實認知。「神創（或天造）人性」與「進化論」無疑水火難容！如果人類無法消除這種「各自爲政」（自證合理）的僵持狀態，人類和平自然遙遙無望！

破解「人性特徵」的方法依然得借助「多因邏輯」原理與標準。

因爲「人性」須基於現實自然環境而存在，現實自然環境無疑對「人性」具有相當的制約作用。同時，人類不僅對現實自然環境具備一定的制約（利用改良）作用，人類內部（人群之間）也會存在一定的相互制約作用。這些相互制約，無疑不能被排除在「人性」之外。依據「多因邏輯」認識原理和標準，可以得出如下相關結論：「人性」應基於「精神與物質」兩項基本需求，二者在基本性質上應無主次之分。只是二者在具體的特定個體所處的特定時空條件下會存在（或出現）「相互量變」，即其中一項需求增加另一項需求則減少，反之亦然。而影響或導致其特定個體（或群體）發生「相互量變」的外在條件是「環境與教育」。簡言之，人性對外在的「環境與教育」條件具備適應性，而外在的「環境和教育」會造成「精神與物質」兩種基本需求的「相互量變」，其中一方增加另一方則必然降低。

現今的美國社會突顯出兩種水火難融的價值力量，其中一方容易（習慣）稱對方爲「種族主義」，另一方則定義對方爲「極端主義」。兩種力量衝突不僅體現在文化價值觀念上，已經擴展至政治和司法領域（系統）間的衝突。譬如針對「變性人群」制定的所謂《人權法案》，明顯衝擊傳統價值觀念。我認爲這種水火難融的社會衝突，只有依靠「多因邏輯學」與「多因社會學」知識的創立和推廣才能得到化解（平衡）。因爲美國（西方）社會依據的「單一求證」邏輯標準，是無法消除現實衝突的。它是建立在「盲人摸象」（或支解性）原理上的，它支持斷章取義與偏執主張。而「多因知識」主張整體觀念與綜合平衡，會堵絕「斷章取義與偏執主張」！

如果說美國（西方）社會是被落後的「單一求證」（演繹法和歸納法）邏輯阻礙了進步與和諧，那中國、朝鮮等共產社會則是被黑格爾的「對立統一」（錯誤的辯證法則）邏輯攪亂了人類社會的進步秩序！因爲它既不與「單一求證」邏輯標準同步，更無法實現相互融合。實際上，它總是會以「詭辯方式」（對立或反義）體現價值，不僅能夠讓美國（西方）的「單一文化」無力反駁，也能在「極權壟斷」下保持著「偉、光、正」優勢。無疑的，中美兩個大國各自依據不同的「邏輯標準」，形成不同的社會價值。由於這種不同的社會價值是相互衝突（無法相容）的，且與各種利益、權力交織在一起。如果不能從「邏輯基礎」上去徹底釐清它們的是非曲直，人類社會始終會處於混沌或紛爭中！

二、人類和平需要「綜合平衡」，綜合平衡需要構建「系統對稱」！

前面已經充分表明，影響當今世界兩大政治勢力的中國與美國，都因邏輯思維基礎而需要改革。前者依靠黑格爾的「詭辯邏輯」和所謂的「馬列共產社會主義、毛澤東思想及鄧小平理論等」，從「共產貧困」變身爲「共產腐敗」。近幾十年來，這種社會制度依靠「流氓文化、陰陽政治、遊戲司法、變臉經濟」等維持了共產腐敗社會的繁榮。雖然這個社會通過強大的「極權機制和大國體量」在破壞著人類的各種先進的文明秩序，但美國和西方國家不僅無力改變還被其推動的「投機文化」嚴重滲透和侵蝕！勿庸置疑，美國和西方社會現行的「單因文化」（演繹法和歸納法）不僅無力推翻（證僞）「馬列共產社會主義、毛澤東思想、鄧小平理論」等，還難以阻止它的嚴重侵犯和侵害！使用簡單的「社會主義、權貴資本主義或者極權國家」等籠統的模糊概念，難以讓人們深刻透視它的罪惡與虛假！其實，如果將它與「希特勒納粹主義」實現比較聯繫，它只不過（實質上）是換成了「溫柔方式的納粹主義」，因爲它對人類社會造成的危害遠遠大於任何「納粹主義」！

由於美國和西方社會的認知價值只是建立在「單因文化」上，不僅無法阻擋馬列共產「投機文化」的盛行，其自身存在的重大缺陷也難以修補。美國的政治大選反應出擁有諸多「歷史光環」的政治制度存在諸多漏洞！唯有依靠「多因文化」才能明晰美國社會現行秩序的缺陷及實現改進設計和創建完善的先進文明！對「自由」的粗糙化理解難免會以「極端方式（主義）」出現，甚至會成爲「極權政治」利用的工具！「民主」不是只有「投票」便能完善，需要配合提升諸項相關機制（如監督、評議、罷免）方能體現充分的價值保障！「法治」是現代文明的重要基石，它替代「人治」成爲釋放和保障「自由與民主」的核心價值。然而，受到「單因文化」的限制，人類對「法治制度」的認識和建構明顯存在許多誤區。譬如中共政府也稱自己的政治制度是「法治社會」，而與之存在巨大區別的美國政治制度也突現出諸多問題！「法治社會」的基本標準只能是充分體現「社會公正」，能夠保障社群利益公正性的條件離不開「司法獨立和平衡原則」。而「平衡原則」需要以「對稱統一」爲基礎的「對稱平衡和綜合平衡」邏輯原則（原理）去規範！

建設世界和平，不能只靠願望。它需要「能破能立」！美國和西方社會存在的文化缺陷自然無力破解混亂的世界秩序，而中國、北韓、古巴等持續推行的所謂馬列「共產文化」既是阻礙人類文明進步的力量，也是攪亂世界文明社會秩序的禍根，必須廢除！依靠「多因文化與單因文化」的有機結合，徹底清除黑格爾「詭辯邏輯」（對立統一辯證法）對人類文明的攪亂，是創建或推進世界和平的首要條件！「對稱統一」推崇：平行對稱與綜合對稱的相互結合，唯此能讓各種「簡單矛盾和複雜矛盾」都能充分化解（或減少）！只有徹底消除各種「斷章取義或故意扭曲」具體事務性質的流氓和投機文化，才能創建眞正符合人類先進文明的和諧社會秩序！

三、民主政治，絕不只是「投票權」可以涵蓋！

長期以來，民主政治常常被「投票權」左右，而「少數服從多數」便成爲民主政治的通行結果，即它總是會剝奪或忽略「一部分人群」的利益訴求，因此，這種「形式民主」只能浮現民主政治的「表象價值」。據此，常常被一些人總結爲「最不壞的社會制度」，這種表示明顯是不完全認同現行的「民主制度」！

我們知道，「民主」的意義是允許不同的社會個體與群體申訴和維護各自的社會權益，以「投票方式和少數服從多數」的形式民主，並未充分體現和保障各類民眾的合理利益。也就是說，民主政治應該以「平衡各方利益」爲核心價值，或者說不應該只是以維護「多數人」的利益和願望爲核心或最終目的！

在現實社會，除了「少數服從多數」的投票類「形式民主」，還有一種所謂的「集中制民主」（如「共產制民主」）。這種所謂的「集中制民主」是徹頭徹尾的「僞民主」，因爲它實行操控社會利益的政府組織或政黨（政治官員）只能「從上而下」進行認定（內定）。與「皇權政治」毫無區別，無非是掛了個「民主名稱」而毫無民主意義的實質內涵！

實行政治三權分立，民眾分別選舉「執政、立法、司法及監政官員」，只是實現了民主政治的第一步（形式民主）。通過「執政、立法、司法、監政」四方的相互制衡去維護（平衡）社會民眾的各方利益，乃是「民主政治」的最終目的。換言之，民主政治眞實的核心價值不能只是爲了維護「少數服從多數」的利益訴求，而應該去實現維護和平衡各類社會民眾的各方利益爲終極目標！

「立法」，應以維護和平衡各類社會民眾的利益訴求爲原則（基礎保障），讓執政和司法部門不可偏廢或體現「原則性規範」！自然，「立法條文的公正性」只是實現了公正合理的維護各類社會民眾利益訴求與願望的第一步，執政和司法人員（機構）的公正性執法過程也是需要強化維護「各方利益」的原則性規定。因爲，即使擁有「公正的法律條文」也難免會出現執政和執法（司法）過程中偏移公正性的行爲，它不僅因爲任何法律條文都會存在一些「立法盲點」，且會存在一定程度執政與司法行爲的「自由空間」。據此，強化執政與司法過程的充分透明，則成爲維護社會利益公正性的必要條件之一！爲此，輿論監督（言論自由）與公正性執政和司法，也是民主政治不可或缺的必備條件！任何試圖（或竭力）阻止言論自由與司法公正的政治行爲，不僅不是在維護民主政治，而是公然的阻礙或破壞民主政治的實現！

民主政治絕對不能局限（停留）在「投票權和少數服從多數」的價值標準上，「儘量平衡各類民眾的利益訴求與願望」才是民主政治的終極目標！民眾選舉了「獨立的立法機構」只是建立起了民主制度的重要基礎，民眾選擇的「執政和司法」機構（官員）必須遵守「公正的法律法規」是民主制度的重要環節，透明的執政和司法過程是充分體現「社會公正性」的重要保障！

四、自由、民主、法治與法制的相互關係：民主與法治的科學合理標準

1.民主是什麼

簡單講，民主就是「人民當家做主」。具體理解：民主是「個體公民參與現實社會合理利益保護的管理權力」。然而「個體公民」不可能人人都可以直接進入實際的管理狀態，只能通過大多數人委託少數人「代理職責」。這種「代理職責」在現實社會中涉及兩種基本形式，一是「投票（授權）代理」，一是「組織（機構）代理」。也就是說，被委託代行社會利益管理職責的「既有個人也有集體」。

2.爲什麼要民主

縱觀人類歷史，民主源於對「皇權制」（集權制）的否定。自然因爲廣大民眾合理的社會利益容易被「皇權貴族」（集權階級）嚴重剝奪或侵佔，唯有普通民眾自己擁有參與社會利益管理的權力，

才能保障自身的合理權益。即現實社會需要所有社會個體積極參與社會利益管理，才能充分保障自身的各種現實的合理利益。因爲，即使有善意（道德高尚）的個體或組織（領袖或黨派）主動爲民眾爭取和維護合理利益也無法保持始終「公正合理」。如果爲民眾代行利益管理的個體或組織（如「共產黨」）採用「非公正透明」的方式對付民眾，幾乎無法保證民眾的正當權益。其次，代行管理職責的組織和個人不僅容易被「偏差利益」左右，也會犯「價值誤導」的錯誤。故此，只有讓各位社會民眾充分參與維護自身的合理權益，才能儘量避免自己的正當利益被侵佔或削弱！

3.民主的來源

現實中，獲得民主權利出於兩種途徑，一是普通民眾通過「文或武」兩條途徑（方式）強行爭取；二是通過組建政治機構（如「四權分立」）設置而獲得。前者是「剝奪政府過度的已有權力」，後者是「限制政府過度的未有權力」。毫無疑問，這兩種途徑都是需要的。如沒有適當的強行爭取，現行「利益壟斷集團」不可能輕易（更難自願）放棄「強權利益」。同樣，沒有建全公正的政治保障機制參與民主政治的建設，合理的民主也是難以充分體現的。由於民主通常需要借助「間接」方法去體現，實踐中存在的兩種「政黨民主」似乎都不太理想。所謂的「一黨集中制民主」無疑會逐步演變成爲維護執政黨集團（裙帶）利益的強大群體，而非執政黨集團的群體和普通個體（或民眾）的合理利益則難以充分保障。「兩黨（或多黨）競爭制民主」則容易造成爲爭取不同群體利益而形成社會紛亂，甚至可能導致流血衝突或戰爭。據此，（嘗試）採用「無黨政治、梯級選舉」與許能夠實現趨利避害或減少價值紛亂（所謂「兩極格局」）！

4.民主政治的具體內容

保障「授權民主」的充分有效需要四項措施：選舉、監督、批評、罷免。只是「選舉（投票）」絕對難以充分保障民主制度的公正合理。因爲多數「代理官員」都難免會偏向維護自己（及親友）或黨派集團利益導致「利益傾斜」。因此，委託人需要參與對「代理官員」整個執政與執法管理過程的選擇、監督、評議和罷免，才能充分體現保證自己的合理權益。

5.民主政治的基本保障

民主的敵人是「極權或集權」（政治利益壟斷），只有儘量弱化政府力量才能充分體現民主價值。削弱政府力量的方式有三項重要措施，一是「分權制衡」；二是「弱化集團」；三是「透明監督」。即推行「四權制衡」與排除「黨派執政」，才能充分提升民眾權益的保障。任何社會黨派、團體、組織參與實際執政、立法、執法的組織和個人都難免會演變成維護一部分人（或他們內部集體）利益的強大力量。因此，只有儘量「弱化政府許可權或消減政權壟斷」才能出現眞正科學合理的：公正民主！民眾直接參與選舉和罷免政治官員只是民主政治的基本方案之一，不是全部內容。因爲衡量民主政治官員的標準不正確、不合理、不充分都會損壞民主政治的實際成效！

6.民主政治官員的標準

道德，不是衡量民主政治官員的重要標準，評定民主政治官員的基本標準是：專業、政績、公正、透明。即政治官員的重要資質主要採用「法律法規」而不以「道德標準」去衡量，因爲任何現實中的個體都難免沒有缺陷或犯錯。如果因「小型錯或間接錯」而拒絕了一位專業和政績優秀的政治官員，必定是弊大於利！據此，若道德缺陷沒有升級到違法標準，如果進行「政治追究」難免小題大做攪亂政治（社會）秩序。即唯有能夠充分體現「公正透明」的執政和執法行爲，並且在充分接受「公正獨立」的法律評定之下，才有利於維持民主政治的穩定和諧。

7.民主政治官員的任期

衡量民主政治官員資質的標準是專業、政績、公正、透明。在專業、公正、透明上沒有缺陷的條件下去衡量「政績週期」，才能科學的制定官員任期。由於政治政績會通過具體的政策規劃去體現，即具體政策規劃若建築在「五年期、十年期、十五年期」等之上，則民主官員的實際任期應該與之有所「對應或協調」。否則，不利於具體政策規劃的有效實施或落實！

8.民主政治官員的範圍

民主政治需要相互制衡的「四權分立」機制，才能眞正保障民主社會的實現。因此，民眾直接參與選舉、監督、評議、罷免的官員，應該包括「四權機構」的各類主任官員。如果「四權」之間存在「從屬關係」，明顯不利於權力相互制衡。即行政、立法、司法、媒體（監督）主任官員都需要接受民主選舉、監督、評議、罷免，不應該存在「四者之間」互相任免和監督評議。

9.民主政治的選舉模式

本人推薦「無黨政治、梯級選擇」政治制度的社會實踐（實驗）。因爲各種「政黨政治」非常容易形成「利益團體」（權力壟斷），造成偏向維護「一部分人」（或執權者）利益的分化勢力。通常「一黨制」都會成爲偏向維護執政集團利益，而「多黨制」雖有利於糾錯（挑錯監督），但也容易產生利益（或價值）分歧，不利於社會穩定和諧。「無黨政治」就是參與民主政治的執政、立法、執法和監政的官員完全脫離社會「群體力量和群體利益」捆綁，僅以「個體身分」參與民主政治管理。其職責核心是：維護社會整體利益綜合的「公正平衡」，不是只爲爭取「一部分人群利益」而存在（出現）。「梯級選擇」能夠避免「外行參政和節省資源」，因爲「民眾直選」不容易形成專業的「系統化評價」，卻容易被非專業的「極端化評價」標準誤導。同時，還會造成大量的社會資源消耗或浪費。

10.民主政治的基本原則

維持全社會各類群體利益的綜合平衡，是民主政治的基本準則（核心目的）。而實現這項基本準則的具體標準（保障措施）應該是：公正、透明！即有了「公正廉潔」才能維持社會利益的綜合平衡，且有了「透明無私」才能證明公正廉潔！因此，思想、言論、出版、新聞自由是保障民主政治的重要基石之一，是維持政治透明與公正廉潔的堅實保障！

五、法治與公正

1.法治、法治社會、法制制度的區別

法治，就是「依法管治」。而法治社會就是「依法管理所有人」，包括所有執政、立法、執法、監政的個體、群體（黨派、宗派）、家族（民族）、國家與國際關係。即現實社會中的任何個人和群體（包括家族、民族、國家），都不能享有超越「法治」的權力和利益。換言之，皇權治、黨派治、家族治、種族治、宗派治都不屬於「法治」！由於需要「立法、司法和執法」的分離才能保證「法治社會」的充分合理，因此法治社會又需要與法制制度聯合（並立或相互獨立）。

2.爲何需要法治

法治是人治的天敵。人類經過長期的社會實踐證明，任何個體、團體（黨派）、家族、種族都很難保證所有社會成員（公民）各種利益的公正合理。因爲現實社會不能實現各種實際利益的全面滿足，必定會出現各種社會差異與利益糾紛。同時，現實社會更無法實現

「管理利益分配與是非判斷」的個體或團體的絕對無私。因此，只有通過建立完善的相互制衡的「法治保障機制」，才能充分體現現實社會的公正合理。

3.公正立法是法治的重心但不能超越法制

法治，應該公正合理，只有建築在立法者也會「被法約束」之下才容易體現出公正合理。在以法治爲中心的現實社會，立法者的公正性至關重要。因爲「立法」會直接影響司法和執法的公正性，也會直接影響執政的合理性。也就是說，立法不僅參與「判定是非」的法規制定，還參與重大執政政策的審定。但立法者無權（不應該）參與對執法、司法、執政和監政官員的任免。因爲他們也是（應該）來自「民選」，與立法者屬「平等制衡」地位。否則，何來「相互制衡」？即立法者（機構）必須是「法治制衡」機制的捍衛者絕不應該是傷損者！

4.立法者的資質

立法者的資質，來自民選，衡量標準是公正性與專業性。也就是說，立法者不能被任何個人和團體委派，只能來自各個基層（或下層）民眾的投票選舉。且評定選舉的基本標準應該是具備「公正性和專業性」。缺乏公正性，不利於維護社會秩序的和諧穩定，而缺少專業性難免會製造出危害（或干擾）社會公正秩序的法律法規。

5.法治社會和法制制度的保障條件

法治社會就是依法管理社會事務，包括各種重大政策措施、各種社會利益差異、各種權利糾紛。因此，立法機關的專業性和公正性尤爲重要。法律法規和政策措施的是否公正合理，需要通過執法和執政機構去具體落實和驗證。只有嚴格排除了所有存在侵擾公正合理的利益偏向，才能眞正落實和驗證眞僞。即立法、司法、行政、監政「四權」相互獨立和相互制衡的完善機制，才能呈現公正透明。

換言之，即使有「三權分立」，沒有獨立媒體的透明展現與公正報導，絕對難以充分保證社會利益的公正合理！

6.法治的類型與眞僞

現實社會大體表現出三種「法治」的基本形式：一是「治你法制」，即一方「依法治理」另一方，執法者（或團體）不受法治；二是「治罪法制」，即針對所有犯罪人員實施依法治理，不排除社會中任何個體和群體；三是「平衡法制」，即爲平衡（消除）社會個體、社群、族群、民族、國家之間衝突、糾紛、差異實行依法治理。非常明顯，第一種形式是不合理的，是以「法治名義」而實施「專制政治的僞法治」行爲，是虛假（或霸權）的法治（如中共制定的所謂「顛覆國家政權罪」）！通常情況，第一種形式是假借「人民民主專政」的名義實施所謂「法治」，它實際上是在實施「侵害性犯罪」（應明確爲：違法行爲）！

7.執法的位置

執法，分行政執法和司法執法。平常時期，行政執法應該弱於司法執法。因爲司法執法會依據「公正審判」爲前提，而行政執法若未經司法審判則不足以體現社會公正。因此，行政執法須讓位於司法執法！

六、平等與平衡

1.平等與平衡的差別

平等，容易被「單一求證」文化推崇，也容易被「極端主義」政治力量利用。平衡，需要依靠「多因邏輯」提供支援，是實現和諧社會提升人類文明水準的重要文化基礎。平衡，依靠「對稱平衡」爲基礎，需要延伸爲「綜合平衡或系統平衡」。

2.平等的危害性作用

平等，常常成爲各種「極端主義」推崇和利用的工具。譬如「共產主義」就是源於「絕對平等主義」，但它只能依靠「搶劫」來實現（實踐）。因爲人類社會原本「不平等」，也不存在「自願平等」。通過「人治」去實現絕對平等只能是「搶劫」，而「搶劫」無疑是野蠻行爲。只會產生損壞文明社會和阻止文明社會的進步！同樣，過度重視「平等」，容易產生「極端自由和極端平權」主張，也會嚴重傷害社會文明與和諧！

3.平衡的重要價值

平衡，就是維持現實社會的「相對平等」，也是基於「相對合理」，且利於「社會和諧」。平衡的經濟意義是重視「多勞多得、少勞少得」的基本原則。譬如生產 9 個蘋果的「能者」可以分 1 個蘋果給只能生產 1 個蘋果的「弱者」幫助他養育家小，自然利於社會和諧。相反的，如果強迫「能者」須分 4 個蘋果給「弱者」去實現「絕對平等」，無疑會嚴重挫傷「能者的生產積極性和助長弱者的懶惰依賴性」！平衡的政治意義是「相互理解、相互尊重」。即不支持「極端自由和極端平權」主張，因爲追求「極端個性化平權」難免侵害他人權益。只有盡力去創建和維護「對稱平衡與綜合平衡」，才能避免各種「極端主義」主張與行爲對現實社會造成各種嚴重的傷害！

七、自由與平等

1.自由的來源

自由，通常是與民主同時在廢除（抗拒）「極權專制」之後才能夠被獲得釋放。自由，主要分爲言論自由、思想自由、行動自由、信仰自由及保護個人合理財產和維持生存（生產生活）的自由。因爲在「極權政治」下，普通民眾不允許（不能夠）有質疑和違反「極權統治」的言論、思想、行動、信仰，否則，無法維持「極權穩定」。同時，「馬列共產政府（或共產集團）」會強行剝奪（強佔）社會大眾的財產和社會生存（生產生活）權利，不利於保障普通民眾的合理財產與提高基本生存條件。據此，「馬列共產社會主義」必須徹底廢除！

2.自由的作用

自由的社會，就是釋放普通民眾的政治行為權力。它既是對廣大普通民眾精神和行為的解放，也能夠充分調動廣大普通民眾的創造積極性。但是，在「共產經濟」制度下，民眾的積極性不可能實現「持續性發揮」。因為「共產經濟」無法破解兩項難題：一是實現所有社會（政治）管理階層及其親友的絕對無私；二是難以實現所有技術生產能手及其親友自願的大公無私。據此，自由民主的社會制度與「共產經濟」的社會制度無法並存！

3.自由的類型與限度

自由，包括思想、言論、行為、信仰、傳播眞理和正義、保障正常生產生活及爭取（申訴或維護）合理利益的自主權利。任何自由，都是會（需要）有所限制的。首先，任何動物和人類個體都會受到自然環境條件的限制。其次，人類社會是群居動物，個體與個體、個體與群體、群體與群體之間的「自由」是會相互影響（侵擾或剝奪）的。這種影響必然會產生（需要）「自由限制」。這種限制不是（不應該是）「政治階級」性質的，只是「相互依存」（互惠保障）意義上的限制。也就是說，這種限制具有一定程度的「彈性空間」。這種「彈性空間」主要基於三項內容去保障：一是任何人不能侵害他人的「基本利益」；二是利益雙方「自願契約」；三是利益協力廠商參與公平公正的「平衡仲裁」。利益「協力廠商」包括親友、社會團體、政府部門及立法與司法機構。也就是說，利益「協力廠商」有必要、有責任和權力對「自由行爲」產生影響（矛盾糾紛）的直接雙方，進行「平衡利益」保護或限制產生「弧射侵撓」。

自由，是有「邊界」的！不受限制的自由，必定會侵蝕（剝奪）環境或他人的自由。個體之間、群體之間、官民之間、物人之間等等，都需要自由，也需要「邊界限制」。公正的仲介限制，是十分必要的！即使是雙方的「自願行爲」，也是需要公正仲介的介入，因爲它會產生「弧射效應」。自由的重要價值是對抗（推倒）「強權政治」（社會利益壟斷），因此，任何支持或變相支持「專制政體」的言行自由都是不能被允可的！

之前的「自由定義」，通常會包括「新聞、出版、結社和遊行自由」。由於它們沒有表明「限制範圍」，存在不合理因素，容易導致社會價值的混亂。用「傳播眞理與正義」去限定，就是對「新聞、出版和遊行自由」範圍限定。而「保障正常生產生活及爭取（申訴或維護）合理利益」，則是對「政府行政」範圍的合理限定。另外，「結社目的和作用」若是超越了被限定範圍，也會被限制「自由」。

結束語：
認識中國就是認識世界

有人說：「認識了中國便認識了世界。」這話應該是有一定道理，因爲中國是世界的重要成員之一。也是因爲中國文明與西方文明存在重大差別，這種差別的基礎是「文化差異」。中國文化與西方文化差異的焦點是在「文字」上，中國文字建於象形的「結構式」，而西方文字則建於無形的「符號式」。前者容易體現「綜合整體」，而後者利於反應「精準內涵」。

文化基礎的基本特性必然會影響現實社會中各種事物的相關特徵，諸如論理邏輯、政治制度、文化教育、宗教信仰、經濟模式、各種實用（如醫學）技術等等。

西方文化的「精準性」，推動（或促進）了人類文明進步的「單因邏輯」（演繹法和歸納法）認知體系的創建。這種邏輯的認知規律（標準原理）無疑影響和決定了西方社會的政治制度、文化教育、宗教信仰、自然科學、社會科學、經濟模式、各種生產與醫療技術等領域的發展特性。人類社會生產力的發展大體上可分爲四個階段：原始的石器時代、初期的農耕時代、中期的工業時代、後期的資本時代。也就是說，人類通過利用和創造不同的「生產力工具」實現了不同程度社會產值的增長。

不同階級的社會產值依賴著不同的社會制度建設，也影響著相應的社會制度建設。奴隸制社會建於低效率的農耕時代，是人類「階級制」社會的原始階段。君主制階級社會是它的升級化形態，而後者須依賴「貨幣制與各類小型工業」的成熟。「大型工業與資本經濟」的融合催生了「民主、自由、法治和平權」社會制度。也就是說，人類特定歷史階段的政治制度須與相應的經濟生產與分配模式相配套，不會由單一因素所決定！

美國是在短時期內實現了「從奴隸制到平權制」過渡的新興國家，即它未能經歷「君主制」階段（或建於否定「君主專制」）。這無疑是因爲它創建於「大型工業與資本經濟」快速成長時期。而中國卻經歷了相當長時期的「君主制」（皇權制）歷史階段，也是它的大型工業和資本經濟發展相對滯後的重要原因。十九世紀末和二十世紀初源於西方的兩種社會制度價值（力量）均被引入中國，它們是「共產經濟和民主政治」。由於兩者是無法「相容」的，造成「共產經濟」（中國共產黨）充分借助了中國堅固的「君主制」社會基礎戰勝（排斥）了「民主政治」！

「共產主義」是建築在「經濟制度」意義之上的，它是需要依賴「極權政治」才能實現（進行實踐）的。由於創建它的馬克思主義學者缺乏「綜合平衡與系統結構」的認知能力，只能產生出攪亂人類社會秩序的殘缺理論。而推動它進行社會實踐的國家只能走向「極權專制」政治，這應該是原始的馬克思主義學者無法預知（認知）的。在實踐中，共產主義除了必須依賴「極權政治」，它還面臨兩種必然結果：一是採用「封閉式共產經濟」只能製造貧困社會；二是採用「彈性式共產經濟」（所謂「中國模式：開放或模糊共產經濟」）必定出現嚴重「權貴階級腐敗」。據此，共產經濟只能建立在「弊大於利」的社會制度狀態上，即如果它不製造出大量的社會貧困便會催生出嚴重的社會腐敗，二者都是在製造不合理的社會狀態。最可恨或可悲的是，它會一直剝奪普通民眾「自由和公正」的政治權利！

民主政治通常只能與私有經濟結合，因爲民主、自由、法治與四權分立等基礎的相互配合能夠平衡各種社會差異、衝突和矛盾。而共產經濟只能排斥民主、自由、公正法治和四權分立（相互制衡）

的政治基礎建設。前蘇聯及歐洲的共產社會因貧困而被迫實現了「民主改革」，由於前蘇聯也是建於相對牢固（持久）的「專制大國」根基，它的民主改革極不徹底。破除中國「共產專制」根基的條件至少有兩項：一是從理論基礎上徹底廢除「馬列共產（社會）主義」的合理性；二是明確破除維護「封建專制的大一統」落後價值標準的合理性。中共極權一方面依靠虛假的「馬列共產（社會）主義理論」維持執政的合法性，另一方面也在充分利用中國的「大一統價值觀」維護執政的牢固性。也就是說，中國共產黨是在充分利用「共產經濟和大國一統」在竭力維持落後的「皇權階級」制度！它不是促進和維護「公平公正」，是在用虛假的「公平經濟和強國精神」愚弄國民！

結束語：
認識美國也是認識世界

毫無疑問，美國是新興的民主制國家，一方面因它創建於人類工業技術和資本經濟快速發展初期，另一方面它因強力排斥（否定）英國「皇權政治」而創立。在綜合各種利益矛盾衝突的情況下，催生了充分保障民眾「私有財產」的民主、自由、法治及四權分立爲「綜合一體」的政治制度。據此，美國既保持了偉大的國家，也是幸運的國家！

美國能夠在短時間內，將「奴隸制和皇權制」進行徹底廢除，實現了「平權制」過渡，是人類文明歷史的典型縮影。美國能夠成爲當今世界最強大的國家，得益於它的經濟資本「私有制度」和政治權力「四權分立」！「共產經濟」（馬克思主義）創建於美國「私有經濟」蓬勃發展時期，美國依靠牢固的政治「四權分立」所釋放出的民主自由與司法公正，有效的抵禦了馬克思「共產主義」的進攻。然而，由於西方文化追求的「精確標準」邏輯價值，至今未能徹底排除「馬列共產主義」在美國和西方世界的流竄和干擾。

儘管美國具備捍衛「私有經濟」的強大力量（社會基礎），但馬克思主義的「共產經濟」以反抗所謂「資本剝削」而主張「經濟平等」（無產階級當家做主）的社會力量一直在竭力衝撞！重要根源在於，西方文化依據的「單一精準」邏輯理論標準難以破解「平等與平衡」的差異。加上西方文明始終保持「助弱價值」（如基督教文明），自然無力反駁（反抗或否認）「利於貧民的共產經濟主張」。

毫無疑問，馬克思主義的「共產制度」是宣稱：能夠實現社會經濟的「絕對平等」。問題出在，這種「絕對平等」的價值主張忽視了：能力差異和人性私欲的必然性（難改變）！即誰都無法否認人類社群存在著普遍的「能力差異」。這種差異也必然會影響社會財富生產的差異，實行社會產值分配的「絕對平等」無疑是將創造財富多的人群之利益強行分享給創造財富少的人群。由於是實行「非自願性」的強行分配，加之任何執行強行分配的組織和個體（共產黨人或組織）更無法實現絕對「公正無私、廉政透明」，因此，馬克思主義所謂的「共產制度」只能體現出搶劫、欺詐和強力壓制。據此，它只能成為危害和阻礙人類文明進步（或罪惡）的「新型社會力量」！

任何事務都不應該走向極端化，政治和經濟的「絕對平等」都不是應該被「制度化」的。平等互利、相互理解和相互尊重才是人類應該充分把握的核心基礎！它應該成為人類社會文明去構築社會制度、政治規則、經濟秩序的核心標準，脫離了這種價值標準難免出現事與願違的相反結果。譬如，過度的去提高「民工工資」可能造成用工減少而產生了反面效果，而過度的主張「降低罪罰」難免出現增加社會犯罪率造成社會秩序的嚴重混亂！

文化基礎會影響政治制度，政治制度也會制約文化基礎。美國的兩黨政治（競爭政治）必然發生相互衝撞的「價值主張」，導致極端化的政策出現也是難以避免。儘管美國的政治機制可以產生「相互制衡」的作用，但持續性的反復爭論會直接影響民眾的認知價值和生活品質。文化（邏輯）基礎的作用，是可以直接影響政治制度及立法標準的規範。具備綜合平衡作用的「多因邏輯」問世，一定能夠影響（減少或降低）美國等西方國家「爭議制度」（兩極格局）的持續分歧！

國家圖書館出版品預行編目資料

改變中國：須證偽馬列共產・社會主義／唐付民著.
--初版. --臺中市：樹人出版，2023.08
面；　公分
ISBN 978-626-97156-5-7　(平裝)
1.CST: 共產主義 2.CST: 國家主義
3.CST: 中國大陸研究
574.1　　　　112008986

改變中國：須證偽馬列共產・社會主義

作　　者　唐付民
校　　對　唐付民、林金郎
發 行 人　張輝潭
出　　版　樹人出版
　　　　　412台中市大里區科技路1號8樓之2（台中軟體園區）
　　　　　出版專線：（04）2496-5995　傳真：（04）2496-9901
專案主編　李婕
出版編印　林榮威、陳逸儒、黃麗穎、水邊、陳媁婷、李婕
設計創意　張禮南、何佳諠
經紀企劃　張輝潭、徐錦淳
經銷推廣　李莉吟、莊博亞、劉育姍
行銷宣傳　黃姿虹、沈若瑜
營運管理　林金郎、曾千熏
經銷代理　白象文化事業有限公司
　　　　　401台中市東區和平街228巷44號（經銷部）
　　　　　購書專線：（04）2220-8589　傳真：（04）2220-8505
印　　刷　百通科技股份有限公司
初版一刷　2023 年 8 月
定　　價　280 元